모든 것이 사랑이었습니다

달성을 지킨 사람·풍물을 정리한
달성達城여지승람

모든 것이 사랑이었습니다

전재경 지음

學而思 | 학이사

모든 것이 사랑이었습니다

만나는 한 분 한 분이 너무나 고맙고 소중한 인연입니다. 그들의 사랑과 애정으로 내 삶의 뜰은 늘 행복하고 풍성합니다. 날마다 배움과 반성의 시간을 갖습니다.

아름다운 "충효의 고장 달성"이 35년 공직의 긴 세월에 든든한 산이었다면 이제는 날마다 만나는 그분들이 내 삶의 지표가 되었습니다. 어린 시절 봄날, 햇볕이 따스한 흙담장 밑에 앉아서 저 멀리 바라보던 비슬산은 내 마음속에 희망의 불꽃이었습니다.

시간이 지나 가난한 살림살이에서도 대학진학의 꿈을 이룰 수 있었던 것도 고향 달성군민들이 저에게 '군비 지원 새마을장학금'을 주었기 때문이었습니다.

40여 년 전 새마을장학생으로 대학합격통지서를 받아쥐고 날아갈 듯한 감격에 잠을 설치던 시절이 지금도 기억 속에 선연히 남아 있습니다. 피 끓는 젊음의 시절 사회 부조리와 계층과 지역 간의 불균형, 그리고 암울한 시대를 향하여 큰 소리로 외쳐도 보았습니다.

따뜻한 비슬의 품속에서 달성군민과 함께 공직을 시작했습니다. 그 후 군정과 시정에 몸담았던 지난 35년 공직의 시간은 결코 혼자가 아니었습니다. 늘 군민 여러분이 함께해 주셨습니다. 달성의 아들인 저에게 베풀어 주신 과분한 사랑의 힘으로 오늘 이 자리에 있음을 잊지 않겠습니다.

이제 긴 시간을 돌아 다시 달성에 섰습니다. 지난 35년은 오롯이 달성군과 군민의 먼 미래만을 생각하는 배움의 길이었습니다. 수많은 행정의 현장을 거친 저의 배움이 어머니의 품속 달성에서 열매를 맺을 수 있으면 더 이상의 바람은 없습니다.

이제 우리의 아이들이 마음껏 나래를 펴고 자기들의 꿈을 펼칠 수 있는 '과학·교육도시', '맑고 향기로운 친환경 도시' 달성의 미래 청사진을 펼쳐 보여드리겠습니다. 늘 마음속에 그려왔던 미래 달성의 모습을 사랑하는 군민 모두를 위해 이곳에서 보여드리겠습니다.

길다면 긴 공직생활을 돌아보면 감사하고 또한 과분한 마음뿐입니다. 이제 제가 걸어갈 길은 나의 안위를 위한 길이 아니라고 확신합니다. '과학·교육도시', '친환경 도시' 달성 건설은 저의 사명이자 숙명입니다. 그 과정은 28만 군민 모두와 더불어 잘살고 행복한 길이며 자랑스러운 달성을 만드는 일이 될 것입니다.

비록 그 과정이 비바람 불고 폭풍우 치는 험난한 길일지라도 큰소리에 놀라지 않는 사자처럼 용기를 가지고 무소의 뿔처럼 힘차게 앞으로 앞으로 나아갈 것입니다.

임인년 흑호의 해 벽두에
明田 전재경 書

■ 차례

1부 달성을 지켜온 사람들

2부 전통과 현대가 만나는 곳, 달성 전통시장

3부 언론에 비친 전재경

4부 전재경의 직언, 직필

따뜻한 마음으로 서로 격려하고
응원하는 이웃이 되기를

최외출 영남대학교 총장

반갑습니다.

영남대학교 총장으로 있는 최외출입니다.

저는 학생들과 함께 공부하고 연구하며 대학에서 긴 시간을 보내다 보면 다양한 모임과 축하 행사에 축하의 얘기를 할 때가 있습니다. 그러나 저서에 축사를 하는 것은 몇 번 되지 않고 특히 공직을 퇴임하고 공직수행을 하면서 만난 분들에 관한 이야기를 책으로 출판하는 저서에 축사를 하는 것은 처음입니다.

첫 번째는 국가지도자의 리더십에 관한 전문가의 저서이었고, 이번에는 달성군의 계획적인 인재양성장학금(새마을장학금)으로 수학하고 공무원에 임용되어 일생 동안 공직을 통해 봉사하다가, 퇴임 후 새로운 사회공헌을 위해 노력하는 전 대구광역시 전재경 자치행정국장의 저서 『모든 것이 사랑이었습니다 - 달성을 지킨 사람·풍물을 정리한 달성達城여지승람』의 축사가 그것입니다.

제가 전재경 국장을 1979년에 만났으니, 43년이라는 세월이

흘렀습니다. 우리는 대학 시절 영남대학교 지역사회개발학과에서 함께 공부했습니다. 제가 1기생으로 입학하여 3학년이었고 전재경 국장은 3기생으로 입학했으므로 그때 처음 만났고 저와는 지금까지 따뜻한 우정을 나누고 있습니다.

돌이켜 보니 학창 시절이나 지금이나 전재경 국장은 참 의협심이 강하고 정의롭고 해결해야 할 문제들에 직면할 때는 늘 앞장서서 봉사하는 모범적인 학생, 모범적인 공직자였습니다.

그런데 이번에 전 국장이 『모든 것이 사랑이었습니다 - 달성을 지킨 사람·풍물을 정리한 달성達城여지승람』이라는 명칭으로 책을 출판한다고 했습니다. 제가 그동안 접한 책과는 많이 달랐습니다.

저자는 본인이 공무원으로 재직하면서, 특히 달성군공무원으로 재직하면서 만난 분들에 대한 사연을 글로 밝혔습니다. 그러니까 타인들 앞에 내세울 수 있는 다양하고 탁월한 업적들을 소개하기보다는 자신이 공무수행하면서 만난 분들의 훌륭한 인품을 소개하고 있었습니다. 평소 겸손하고 주민에게 봉사하는 그의 성품을 잘 나타내고 있다고 생각됩니다.

제가 아는 저자는 타고난 성품이 무척 겸손하고 담당업무를 탁월하게 처리해 '행정달인'으로 불리는 공직자였습니다. 젊은 대학 시절부터 줄곧 선후배로 남다른 인연을 이어온 제가 본 저자는 본받아야 할 모범적인 공직자 모습이었습니다.

저는 저자에게 바람이 있습니다. 앞으로 저자의 공직경험 35

년 과정에 만난 훌륭한 많은 분들과의 일화 중 이 책에 담지 못한 분들과의 이야기도 저서로 이어지면 좋겠으므로 계속적인 출판을 기대합니다.

또 저는 저자가 35년 공직을 마감하고 새로운 차원의 사회공헌계획으로 고향 달성과 대구지역사회 더 나아가 국가와 지구촌 공동번영에 크게 기여할 수 있는 차원 높은 사회공헌이 이어지기를 기대합니다.

전 대구시 자치행정국장과 대구시 동구 부구청장의 경험을 비롯한 다양한 경험이 사회발전에 크게 기여할 수 있을 것으로 저는 굳게 믿고 있습니다.

우리 사회는 그동안 경험하지 못한 코로나19 팬데믹을 극복해야 할 당면과제로 직면하고 있어 모두가 힘들어하고 고통스러운 시간을 보내고 있습니다.

그러나 우리는 여느 때의 과제들과 같이 잘 극복할 수 있고, 이 과정에서 또 다른 발전의 기회를 발견할 수도 있을 것으로 생각합니다.

따뜻한 마음으로 서로 격려하고 응원하는 이웃이 되기를 기대합니다.

전 대구시 전재경 행정국장의 저서 출판을 거듭 축하드립니다.

의로움과 공경을
잃지 않는 사람

이종진 전) 달성군수, 달성군 국회의원

　참 반가운 소식이다. 내가 잊지 않고 기대했던 전 국장이 달성 사람을 너무 사랑해서 『모든 것이 사랑이었습니다 - 달성을 지킨 사람·풍물을 정리한 달성達城여지승람』이라는 책을 내고 추천사를 부탁한다고 연락이 왔다.

　먼저 진심으로 축하한다.

　내용의 상세를 살피기 전 제목을 보는 순간 그에 대한 기억이 뚜렷해졌다. 그간에 만남이 없었던 건 아니지만 전 국장에 대한 추억이 다시 새롭다. 전 국장이 달성군 재직 시절 군민들과 함께했던 모든 일과 고향 달성을 사랑하는 마음을 이 책에 담아내었다. 묵묵히 생활 일선에서 최선을 다해 살아가는 달성군민들의 이야기를 보면서 진정한 달성의 주인들은 바로 이들이구나 생각했다.

　내가 전재경 국장과 알고 지낸 지는 20년이 가까이 된다. 그에 대한 호칭을 국장이라 부르는 까닭은 내가 달성군수직을 마칠 무렵 그의 직함이 달성군 행정관리국장이었기 때문이다. 그 후

전 국장은 달성군을 떠나 대구광역시 대변인, 대구시의회 전문위원, 자치행정국장을 거쳐 동구 부구청장을 역임했다. 실로 그의 행정 이력은 대단하다. 그만큼 전 국장은 검증된 사람이라 할 것이다. 더구나 그는 지금 35년의 공직을 영예롭게 마치고 성서산업단지공단 전무이사로 대구 산업의 일선에서 그의 능력을 유감없이 발휘하고 있다. 더 이상 그에 대해 이러쿵저러쿵 미사여구를 꾸며 넬 필요가 없다.

전 국장이 드디어 그의 고향 달성으로 돌아와 일하겠다고 한다. 나로서는 참으로 반갑고 달성군으로서도 다행이 아닐까 싶다. 내가 아는 전 국장은 검증된 행정력 이전에 따뜻한 심성과 청렴의 품성을 지닌 사람이다. 그의 상관으로서 함께했던 공직 생활을 돌아보면 전 국장은 소외된 군민의 복지와 민원 해결에 솔선수범하는 공무원이었다.

다산은 『목민심서』에서 올바른 관리의 자세로 '의'와 '경'을 말했는데 전 국장이 바로 그런 사람이었다. 그는 늘 의로움과 공경을 잊지 않은 사람이다. 그는 말없이 군정을 수행하면서 그 결과는 늘 아랫사람이나 동료들과 나누었다. 그런 때문인지 그는 군청 내에서 항상 인기가 많았다. 그와 함께 일했던 많은 사람들의 한결같은 반응이 전 국장은 연구하는 공무원, 남을 배려하는 공무원이었던 걸로 기억한다. 상급자인 내 눈에 비친 전 국장은 좋은 공무원이자 똑똑한 하급자였다.

세상이 급변하고 있다. 세대 간의 가치관이 뚜렷하게 갈라지고 실리를 따라 인심이 이합집산하고 있다. 정치판도 새로운 세상을 움직이는 이념도 변화를 요구하고 있다. 이럴 때일수록 시대에 잘 부응하면서도 근본을 버리지 않는 현명함이 필요하다. 그 일선에 가장 적합한 인물이 전재경 국장이라는게 나의 생각이다. 그만큼 신뢰할 수 있는 사람이기 때문이다.

다시 한번 출판을 축하하며 그의 무운을 빈다.

1부

달성을
지켜온
사람들

대를 이어 옥포에서 섬유산업 전통을 이어 가다

송정우

옥포산업 대표

"나의 아내가 짠 세초가 있으니 이것으로 하늘에 제사를 지내면 좋으리라 하고 비단을 주었다. 그 비단을 왕의 창고에 보관하고 국보로 삼았다." 『삼국유사』 「연오랑 세오녀」 편에 나오는 직조織造와 관련된 설화다.

이 설화의 배경이 포항지역임을 볼 때 대구경북은 고대부터 한반도 직물 생산의 중심지로 기능했음을 알 수 있다.

섬유 관련 유적으로 구미시 해평면에 있는 베틀산도 빼놓을 수 없다. 잘 알려져 있듯 원나라에 사신으로 갔던 문익점은 귀국 길에 목화씨를 밀수(?)해 와 경남 산청에서 재배에 성공한다.

대량 재배에 성공은 했지만 아직 실 추출 기술이 없어 직조 단계에 이르지 못했다. 이때 문익점의 손자인 문래文萊가 구미 해평면 배틀산 자락에서 베틀을 만드는 데 성공해 이노베이션의 기틀을 마련했다. 한마디로 대구경북은 역사적으로 직조를 기반으로 한 섬유 하이테크 도시였던 것이다.

대구경북의 섬유도시 전통 하면 달성군을 빼놓을 수 없다. 1905년 달성군 공산면에 동양염색소가 세워졌다. 추인호 씨가 설립한 이 공장은 일제가 세운 조선방직보다 2년 이상 시기가 빨라 한국 최고最古의 방직공장으로 역사적 의미를 갖는다. 수직기手織機, 족답기足踏機 한 대로 시작한 추인호 씨의 동양염직소는 달성에 현대식 섬유산업의 시작을 알리는 소중한 출발이었다.

●

　이번에 소개할 옥포방직 송정우 대표는 우리 달성 섬유산업 100년 전통을 이어가고 있는 기업인이다. 달성군 옥포는 선친 송용석 씨의 고향이자 송씨의 세거지다. 옥포에서 나고 자란 선친은 1970년대 대구가 한참 섬유산업으로 도약하던 당시 사업에 뛰어들었다.

　선친이 사업을 펼칠 당시 대구의 섬유산업은 내수內需 중심에서 수출 중심으로 갈아타던 시기여서 나름 호황을 구가했다. 더구나 당시 세계적인 경기 호황에 힘입어 한국의 수출 산업도, 대구 경제도 탄탄대로를 걸을 때였다.

　꽃길만 걸을 것 같은 선친의 사업이 암초와 부딪친 건 1970년대 초 석유파동 때부터. 수출 호경기에 구축했던 대구의 경제기반은 석유파동을 겪으면서 급격히 냉각됐다. 원유가 인상으로 인한 원가·원자잿값 상승에 선진국 오더가 급격히 감소했기 때문이다.

　선친의 사업은 아쉽게도 이 시기 국내외 난관들을 극복하지 못하고 결국 문을 닫고 말았다. 절치부심하던 선친은 1985년 달성군 옥포면 현재 이 자리에 옥포산업을 세우고 재기에 나섰다.

　이 공장 일대는 섬유·염색특화단지가 아니라서 제약, 규제들이 발목을 잡았지만 하나하나 매듭을 풀어가며 오늘에 이르렀다.

　현재 옥포산업의 주 비즈니스 영역은 염색, 임가공업이다. 면

티셔츠나 후드티셔츠를 반半가공해서 납품하면 완성품 업체는 여기에 봉제, 패션을 추가해 완제품으로 출시하는 구조다. 임가 공업체지만 원단 가공, 염색, 건조, 다림질 등 과정이 망라돼 웬만한 섬유산업 공정이 다 포함된다.

●

송정우 대표의 어린 시절은 직조織造 소리에 눈을 뜨고 기계 소리에 눈을 감는 생활의 연속이었다. 집 안엔 언제나 원단이 쌓여 있고 염료 냄새가 코를 찔렀으며 거래업체의 방문으로 공장은 늘 분주했다. 섬유는 그냥 그에게 일상이었고 염색은 늘 가까이에 있는 생활이었다.

그러던 어느 날 송 대표는 급히 부친의 호출을 받게 된다. 공장 일을 맡아서 일을 배우라는 부탁이었다.

당시 송 대표 공장은 가내수공업을 겨우 벗어난 수준이었기 때

문에 공장에 젊음을 바치기에는 송 대표 스스로 약간의 망설임이 있었다. 좋게 얘기하면 경영 수업이고 안 좋게 보면 고생 문으로 들어가는 길이었다. 그러나 송 대표는 두 진로 사이에서 망설임도 없이 공장 일에 뛰어들어야 했다. 사업이 어느 정도 안정 궤도에 접어들어 체계적인 경영, 공정 표준화가 필요했기 때문이다.

선친은 원단부터 염색 가공, 건조, 다림질 파트 등 전 공정을 익히도록 했다. 이 일은 고교를 갓 졸업한 19세 소년에게 신체적으로 정신적으로 벅찬 일이었다.

한편으로 경영 관리, 회계 등 관리부서에서 편하게 있을까 생각도 해봤지만 염색, 가공 등 전 공정을 알고 있어야 회사를 잘 이끌 수 있기에 묵묵히 선친의 뜻을 따랐다.

10년간 이어지던 혹독한 경영 수업이 끝나자 선친은 송 대표에게 공장을 넘겨주었다. 2010년 드디어 송 대표는 옥포산업 대표에 자기 이름을 올렸다.

송 대표와 필자의 인연이 시작된 건 이 무렵이다. 필자가 달성군, 대구시에서 공직에 있을 때 송 대표는 기업 대표로, 경제단체 임원으로 달성군, 대구시에 드나들었는데 이때 업체대표와 공무원으로 처음 만났다. 송 대표는 지역 섬유업계의 애로와 숙원사업에 대해 거침없이 의견을 전달했고, 필자는 제도가 허용하는 범위 내에서 최대한 해결책을 찾아 주기 위해 노력했다. 그 후 우리의 인연은 필자가 달성군, 대구시, 성서산업단지 관리공단으로 옮겨 다니면서도 계속 이어지고 있다.

●

대표 취임 무렵 대구의 섬유업은 이미 경쟁력을 잃고 사양산업의 길로 들어서고 있었다. 2000년 무렵부터 본격화된 중국산 원단의 수입으로 대구 섬유업은 가격 경쟁력을 잃고 있었기 때문이다. 값싼 노동력, 원자재를 바탕으로 한 중국산 제품은 세계시장으로 퍼져나가며 한국 시장, 특히 대구 시장을 위협했다.

2000년대 들어 국내 주종 수출 분야인 합성직물 수출이 반토막 나면서 대구의 섬유산업은 더 위축되어 갔다. 대구시에서도 '밀라노 프로젝트'를 내세우며 기울어가는 섬유산업 진흥을 위해 나섰으나 별 효과를 거두지 못했다.

송 대표가 섬유업에 뛰어든 후 초창기엔 경영 수업에 정신이 없었고, 나중에는 섬유산업 침체 과정을 겪었기 때문에 크게 좋왔던 기억은 없었다고 말한다.

그래도 2002년 무렵 대한민국 전체를 붉게 물들인 2002년 월드컵 추억은 유쾌한 기억으로 남아 있다. 당시 붉은악마 티셔츠가 전 국민 응원복으로 등장하면서 물건을 납품하느라 정신이 없었다는 것이다.

"당시는 공장도 붉고, 창고도 붉고, 염료도 온통 붉은색뿐이었지요. 주문량 대느라 잔업하고 철야하고 나면 트럭들이 또 길게 늘어서고, 정신없었던 시절이었죠. 가끔씩 경기가 안 좋아 우울할 때 이 시절을 떠올리면 크게 위안이 돼요."

●

송 대표 가족이 지역에서 섬유산업을 일으킨 지 반세기가 넘어섰고 옥포에서 염색산업을 일군 지는 1세대가 지났다.

그동안 송 대표는 지역 경제, 경제단체에 기여한 공로로 수많은 표창을 받았다. 구청장상, 군수상, 경찰청장상, 시장상부터 국회의원, 장관상까지 망라하고 있다.

송 대표는 대를 이어 옥포에서 섬유산업을 이끌며 달성군과 지역민들에게 늘 채무의식을 느낀다고 말한다.

"한 세대를 함께해 온 근로자들과 묵묵히 옥포산업을 후원해 준 지역민들에게 항상 고마운 감정을 느낍니다. 앞으로 달성군과 지역 발전을 위해 무슨 일을 할 수 있을지 열심히 찾아 나설 생각입니다."

다사에서 태어나 달성군에서 36년 공직생활

추교훈

전 다사읍장

'다사' 라는 지명이 역사서에 처음 등장한 것은 신라 경덕왕 17년(757년), 지명 개편 때였다. 당시 기록에 '다사지多斯只현을 하빈河濱현으로 개편한다' 는 기록이 보인다.

하빈河濱은 '큰 강가' 를 뜻하는데 다사지 역시 고대 이두吏讀의 '큰 물가', '큰 물가 언덕' 을 음차音借한 것으로 다사는 역사에 등장부터 강과 밀접한 관계를 맺고 있음을 알 수 있다.

경기도 양평에 남한강과 북한강이 합류하는 양수리가 있다면, 대구엔 낙동강과 금호강이 합수하는 다사가 있다.

인류의 문명이 큰 강을 기반으로 하고 있고, 세계 분쟁지역 상당수가 강 점유를 둘러싼 마찰이라는 점에서 강이 가지는 역사적, 정치적 의미는 크다. 고구려, 백제, 신라가 한강을 놓고 3국 패권을 다투었다면, 신라와 가야는 금호강, 낙동강 합수지점에서 한반도 남부 패권을 놓고 쟁투를 벌였다.

역사서에 나오는 다사 지명을 놓고 서두가 길어졌다. 초입에 사설을 길게 늘어놓은 것은 다사 출신 추교훈 전 다사읍장을 소개하기 위해서다.

추 읍장은 1955년 다사에서 태어났다. 너나없이 헐벗고 굶주리던 시절 다사는 그를 넉넉히 품어주었다. 고교를 졸업한 그가 공직자로 발을 디뎠을 때 첫 근무지가 당시 다사면이었고, 공직을 마무리한 곳도 다사였다.

다사에서 나고 자란 66년 인생, 다사다난했던 추 읍장의 인생 스토리 속으로 들어가 보자.

●

추 읍장에게 다사는 모태요, 요람과 같은 곳이다. 눈뜨면 강가로 달려가 자맥질을 하고 물고기를 잡았으며, 썰매를 지쳤다. 강가에서 솥단지를 걸어 놓고 천렵을 하던 기억은 유년시절 소중한 추억으로 남아 있다.

1970년 강창교가 세워지기 전 다사는 대구의 변방이요, 달성군에서도 가장 읍세邑勢가 작은 향리였다.

1960년대 강창교 건설 이전 대구와 다사를 연결해 준 건 죽곡과 강창을 운행하던 나룻배였다. 바지선 형태의 이 배는 하루 3~4번씩 버스를 실어 날랐다.

죽곡나루터에 내린 버스는 다시 다사와 왜관, 성주를 오가며 대구와 서부지역을 연결했다. 이 바지선들은 1980년대 중반까지 금호강 곳곳에서 운행되며 강정보 미루나무숲 등에 행락객들을 실어 날랐다.

강창교가 들어선 이후 양안兩岸에 제대로 된 제방이 들어섰다. 그 이전엔 금호강, 낙동강 변은 그냥 자연 제방으로 여름철마다 범람에 시달려야 했다. 당시 비가 100mm만 와도 이천리, 방천, 박곡, 서재, 세천, 매곡, 죽곡 일대는 물난리가 났었다고 한다.

당시 아이들은 매곡리에 있는 다사초등학교로 10리 길 통학을 했다. 도로가 물에 잠겨 등굣길이 막히면 아이들은 지금의 마천

산을 넘고 넘어 학교로 가야 했다. 산과 언덕을 몇 개씩 넘어 학교에 이르면 이미 점심시간이 훨씬 지난 후였다고 하니 개근도 좋고, 향학열도 중요하지만 아이들의 고충이 이만저만이 아니었을 것이다.

●

다사초등학교, 다사중학교를 졸업한 추 읍장은 잠시 사회생활을 하다가 1972년 대구농림고에 입학했다. 당시 대구농림고는 전 국민 캠페인이었던 새마을운동을 등에 업고 명문고로 도약할 때였다.

당시 박정희 전 대통령이 대구농림고를 방문했었는데 이 '사건'은 소년 추교훈에게 국가, 봉사, 헌신 같은 막연한 개념들을 뚜렷하게 각인시키는 계기가 되었다.

대구농림고를 졸업한 추 읍장은 1979년 다사면에서 서기로 첫 공직생활을 시작했다. 당시 공무원에 대한 사회적 인식이나 직업 만족도가 높지 않았던 시절이어서 평생 공직에 몸담으리라고는 생각지 못했다. 그러나 그의 뚜렷한 책임의식과 성실성 그리고 주위의 평판은 그를 평생 공직 외길로 안내했다.

또 재직 중 한국방송통신대 행정학과에 입학했고, 2007년 드디어 소원했던 학사모를 쓸 수 있었다.

●

공직 시절 그는 주로 새마을, 건축, 문화관광 쪽과 인연이 많았다. 지금 달성군의 대표 축제로 발전한 제1회 비슬산 참꽃축제의 기획을 맡았고 '참꽃 아가씨' 선발의 실무도 담당했다.

행정직이었던 그는 건축분야에서 특히 많은 프로젝트를 수행했다. 이는 그의 추진력과 섬세함, 치밀함이 인정을 받았기 때문이었다.

하빈면에서 그는 면장과 군청주민지원과장을 맡았는데 당시 그는 하빈면민복지관 건축 실무를 맡아 무사히 마무리했다. 2001년 달성군의 큰 프로젝트였던 달성군민독서실, 달성문화원 건립도 다 그의 손을 거쳐 완공에 이르렀다.

필자와 추 읍장은 1999년 달성군에서 공보실에 있을 때 첫 인연이 닿았다. 당시 필자는 공보실장이었고 추 읍장은 실무책임자 있는데 둘이 호흡이 너무 잘 맞았다. 이때부터 시작된 인연은

20년을 넘어 지금까지 끈끈하게 이어지고 있다.

2013년 추 읍장은 다사읍장에 취임했다. 금의환향한 그를 선후배들과 고향 이웃들이 내 일처럼 반겨주었다.

당시 다사읍 인구는 약 6만 명으로 지금 성주(4만 4천 명), 예천(5만 5천 명)보다 많았다. 다시 말해 웬만한 기초자치단체장보다 위세가 더 컸다.

●

인구 수가 많은 만큼 민원도 많았는데 당시 갓 부임한 추 읍장을 기다리고 있는 것은 '서재 쓰레기소각장 설치 반대' 시위였다. 주민들은 매일 대구시로 몰려가 피켓시위를 했고 권영진 시장도 서재를 직접 찾아 해결에 나섰지만 실마리가 잘 풀리지 않았다. 유해 물질 배출 논란을 빚고 있는 SRF발전소 설치를 놓고 대구시와 서재, 다사 주민들이 격렬한 대립을 벌였던 것이다.

갈등 조정자로서 추 읍장의 행정 능력이 발휘된 것은 바로 이때였다. 추 읍장은 당시 매월 주민대표, 향우회, 시민단체, 경제단체들과 소통 시간을 가졌다.

당면한 현안과 읍정邑政을 주민들에게 설명하고 협조를 구하는 자리였는데 추 읍장이 서재 쓰레기소각장을 둘러싼 여러 오해들을 잘 설명했고 주민들도 이를 잘 받아들여 결국 갈등도 잘 봉합됐다.

●

다사에서는 2013년 추 읍장의 취임과 관련해 미담이 전해진

다. 그는 당시 취임 축하 화환 대신 쌀을 받아 이 쌀을 복지시설에 모두 전달했다. 이런 봉사, 헌신 정신으로 읍정邑政을 펼친 덕에 그는 2015년 36년의 공직생활을 무사히 마치고 정년을 맞을 수 있었다.

퇴임과 함께 마무리될 것 같던 그의 애향 정신은 퇴직 후에도 계속 이어지고 있다. 1992년 고향인 다사에 아파트를 마련하고 여생을 마치기로 한 것이다.

"내가 고향에 둥지를 틀면 내가 낸 세금이 고향 발전에 쓰이니 이 또한 작은 보람입니다. 다사에서 나고, 자라 다사에서 퇴임을 맞았으니 남은 생도 고향에서 마무리하는 것도 나쁘지 않다고 봅니다."

봉사로, 헌신으로… 달성 해병전우회와 함께한 30년

이종찬

전 달성군 재향군인회장

한국 인맥에서 고대高大교우회, 해병대전우회, 호남향우회는 인적 네트워크에서 가장 결속력이 강한 단체로 꼽힌다. '소가 밟아도 안 깨진다' 는 이들의 단결력은 한때 '한국의 3대 마피아' 로 회자되기도 했다.

선후배 간에 서로 밀어주고, 당겨주고, 챙겨주는 끈끈함 때문에 '호남 출신으로 해병대 나오고 고려대 졸업한 사람은 어디 가서 굶어 죽을 일은 없다' 는 농담도 들린다.

이렇게 별나다 싶을 정도의 해병대의 유대감 비밀은 ▶지원-경쟁을 거쳐 입대한다는 점 ▶빡세기로 소문난 훈련 강도 ▶모든 해병이 한곳(포항교육훈련단)에서 배출된다는 점 ▶전 구성원을 기수제로 묶어 놓았다는 점 등에서 찾을 수 있다.

이 밖에 '무적 해병', '귀신 잡는 해병대', '상승 해병(항상 승리하는 해병)' 같은 자기 최면이 뿜어 나오는 캐치프레이즈도 구성원들을 하나로 묶어주는 요소다.

이번에 소개할 이종찬 전 달성군 재향군인회장은 해병대 DNA를 타고난 사람이다. 수월하고 편한 군생활을 포기하고 군이 '개고생' 한다는 해병대에 제 발로 걸어 들어갔다.

하사관으로 만기 전역한 그는 달성군 재향군인회, 해병대전우회에 가입해 '해병인' 의 길로 들어섰다.

특히 지역에서 해병대전우회장을 10년 넘게 맡으면서 교통 봉사, 안보 교육, 방범 순찰, 급식 봉사, 농촌 일손 돕기 등 활발한 지역 활동을 펼쳤다. 해병대 출신 자부심을 지역 사회 봉사로 쏟아붓고 있는 이종찬 회장의 '해병 인생'을 소개한다.

●

이 회장의 고향은 달성군 논공읍 북리(지금은 북동). 지금의 달성공단 자리다. 삼 형제 중 막내로 태어난 이 회장은 동네에서 소문난 개구쟁이, 말썽꾸러기였다. 툭하면 부모님께 돈을 타내 온갖 악동(?) 짓을 다하고 다녔다.

힘깨나 쓰고, 패기 발랄했던 이 회장이 군 입대를 앞두고 해병대를 지원한 것은 어떻게 보면 자연스러운 일이었다. 당시에도 해병대는 엄격한 체력 테스트, 면접(국가관, 정신력)을 거쳐야 했기 때문에 소수에게만 허락된 관문이었다.

1973년 해병대 포항사단에 배치된 이 회장은 신병 복무 중 하사관에 차출돼 7개월간 교육을 받고 하사로 임관했다. 갓 임관한 그를 빡세기로 소문난 '공수 교육'이 기다리고 있었다. 한때 해병대 공수 교육은 UDT 부대원들이 위탁교육을 진행할 정도로 훈련 강도와 군기가 세기로 유명하다.

도합 14개월 교육을 이수하고 '정예 해병'으로 거듭난 이 회장은 바로 1974년 6여단으로 차출돼 백령도 해안 경비에 투입되었다. 백령도 해안 초소가 있던 두무진 포구 바로 앞은 심청이가 공양미 300석에 몸을 던졌다는 인당수(장산곶)이었다.

백령도에 배치된 이 회장의 주요 업무는 백령도 어선들의 조업을 통제, 관리하는 일이었다. 대대본부에서 출항 허가가 떨어지

면 어선들과 함께 바다로 나가 어로 작업을 감독하고 어민들이
조업을 마치면 호위하여 귀항하는 것이 주 임무였다.

　백령도 바로 북쪽 해상으로 DMZ가 지나가기 때문에 근처 수
역까지 가면 북한의 어선, 군함들이 육안으로도 보인다. 근거리
에서 적함과 마주치는 것은 묘한 긴장감을 일으키기에 충분했
다.

　이 회장이 배치되기 바로 1년 전에 '동진호', '제31진영호'가
납북, 피침돼 당시 백령도 해상엔 군사적 긴장이 팽팽하게 흐르
던 시절이었다.

●

　이 회장은 1976년 6월, 3년 3개월 백령도 경계근무를 마치고

전역했다. 제대 후 이런저런 사업에 뛰어들었다. 펼쳤다 접은 사업이 열 손가락을 합쳐도 모자라지만 이 과정에서 인생 공부, 세상 공부를 많이 했다. 다행히 건축회사에 안전 장비를 납품하는 사업이 자리를 잡으면서 어느 정도 생활이 안정되었고, 돈도 좀 벌었다.

땅도 사고, 건물도 올리고 탄탄대로를 걷던 어느 날 부도수표가 날아들었다. 대한민국 현대 비극 중 하나인 1997년 IMF 사태가 터진 것이다. 부도수표, 어음이 연달아 밀어닥치자 이내 삶의 의욕이 꺾여버렸다.

부도 거래처를 수사하던 경찰이 "피해액이 모두 27억 7,600만 원인데 이 회장님 이제 어떻게 먹고사실 겁니까?" 해서 그때 부도 금액을 처음으로 알았다.

당시 건축 중인 38억짜리 건물도 공사비를 대지 못해 경매로 넘어갔다. 가진 돈을 모두 끌어 모아 겨우 낙찰을 받아 상가를 건질 수 있었다. 후에 경제가 회복되자 이 회장은 이 건물을 다시 팔아 모든 빚에서 벗어날 수 있었다.

●

이제 본론으로 돌아와 그의 해병대 정신이 삶 속에서 나타난 시절로 돌아가 보자. 이런저런 사업에 정신없던 시기가 지나고 1990년대 초반 이 회장은 달성군 해병대전우회에 가입해 활동을 시작했다.

지금도 그렇지만 해병대전우회 하면 지역 봉사 활동을 가장 먼저 떠올린다. 다소 극성스러울 정도로 이들의 봉사 활동은 지역 사회에서 정평이 나 있는데 이 '헌신'은 군에서 체득한 '해병 정신'에 그 뿌리를 두고 있다.

특유의 촘촘한 네트워크 덕에 해병대의 기동력은 소문이 나 있다. 삼풍백화점 붕괴사고 때 교통경찰보다 먼저 현장에 나타난 건 팔각모자의 해병대전우회였고, 세월호 사고 때 팽목항에도 빨간 명찰들의 호각소리가 제일 먼저 울려 퍼졌다고 한다.

지역 사회에서 교통정리, 농촌 일손돕기, 안보 교육, 급식소 등으로 백방으로 뛰어다니던 이 회장은 1993년 달성군 해병전우회 회장으로 선출되면서 날개를 달게 된다. 해병대전우회장은 육해공전우회와 함께 달성군 재향군인회 당연직 부회장에 포함되기 때문에, 그의 활동 반경은 해병대 단일 대오隊伍를 넘어 육·해·공 연합 영역으로 확대되었다. 또 달성군의 관변단체에도 등록이 되고 이런저런 직함을 받기 때문에 지역 사회에서 어느 정도 영향력, 발언권도 있었다.

그러던 2006년 이 회장은 달성군 재향군인회 회장 선거에 출마해 당선되면서 그의 해병 인생의 전성기에 접어들게 되었다.

회장에 당선되면서 그의 인적 네트워크는 전국구 수준으로 확장되었다. 중앙회의 인사들과 행정사무, 정책 협의를 하면서 다양한 교분을 쌓았다. 특히 해병대 출신 고위층과 관계를 맺으면서 쌓은 친분은 지금도 그의 든든한 인적 네트워크가 되고 있다. 그때 만난 분들이 전도봉 사령관, 정도영·강성열·권기하 장군

등이었다. 장군과 하사관의 만남이었지만 계급을 초월한 끈끈한
유대 정신은 그들을 해병 정신으로 묶어주었다.

●

2006년 회장에 선출된 이 회장은 내리 3연임을 하며 2015년까
지 회장직을 수행했다. 이 회장은 재임 9년 동안 지역 재향군인
회 발전과 지역 봉사에 많은 노력을 기울였다.

낙동강을 경계로 인접한 고령군 재향군인회와 결연을 맺어 친
목 활동을 벌이고 수상보트를 들여와 고령군과 함께 낙동강에서
수상 인명구조 활동을 벌였다.

매년 대구-광주를 오가며 '향군 영호남 우정의 만남' 행사를

주최해 지역 화합에도 기여했다.

달성군 재향군인회는 이런 공로를 인정받아 2008년 전국 총회에서 단체표창으로는 최고인 대통령 표창을 수상했다. 당시 222개 향군 단체 중 수상 단체는 단 두 곳뿐이라서 이 상의 가치를 짐작할 수 있다. 개인 표창으론 2010년에 호국의식 고취, 국가사회 발전 공로를 인정받아 대통령 표창 '국민 포장'을 받았다.

2015년 민간인으로 돌아온 이 회장은 현재 고향에서 농사를 짓고 있다. 해병대 전우회 직함을 내려놨지만 지금도 동네에 있는 해병대 '벙커(컨테이너)'만 보면 가슴이 두근거린다.

헤아려 보면 이 회장이 성인이 된 후 절반을 해병대 전우회와 함께한 셈이다. 이 회장은 "무보수 명예직 회장을 10년 가까이 맡았고, 이 일에 매달리느라 사업에도, 가정에도 소홀했지만 '8201113' 군번 앞에 떳떳했기에 이 모든 어려움을 이겨 낼 수 있었다"고 말한다.

23년간 전국 누비며 농업경영인회 활동

정 성 종

전 농업경영인 대구시연합회장

1955년부터 1963년까지 태어난 약 730만 명의 출생자들을 우리는 '베이비붐 세대'라고 부른다. 6·25전쟁 직후 물자도 귀했고, 서로 경쟁이 치열해 삶 자체가 전쟁이었던 그런 세대였다.

이들은 생애 기간인 1970~80년대 한국의 고속성장을 이끌었고, 흘린 땀에 대한 보상으로 자가용, 아파트, 해외여행 등 문화를 누리기도 했다.

이번에 소개할 정성종 전前 한국농업경영인 대구시연합회장은 1960년에 태어나 베이비붐 세대의 풍파를 온몸으로 겪었다. 실업계고를 나와 일찍 회사 생활, 개인사업을 반복하고 한때 송전철탑에서 고압선 정비·수리를 하기도 했다. 1997년에 찾아온 IMF는 그의 인생을 송두리째 바꿔 놓았다. 밤잠 안 자며 일궈 놓았던 사업체가 부도를 맞았던 것이다.

삶의 맨 밑바닥에서 그가 선택한 건 귀농이었다. 달성군 하빈이 고향인 그는 참외농사로 인생 2모작을 시작했다. 젊은 나이에 귀농해 이런저런 농업·농민단체에서 일하다 보니 현장에서 많은 불합리한 일들과 부딪치게 되었다. 직선적인 성격인 그는 부조리를 바로잡기 위해 맨 앞에 섰고 그러다 보니 어느새 지역 농업·농민단체 리더가 되었다.

경리사원, 자영업자, 철탑 고압선 노동자에서 다시 농업·농민운동 지도자로 변신한 그의 이력履歷 속으로 들어가 보자.

●

지역의 한 상고를 졸업한 정 회장의 첫 직장은 중소기업의 경리직이었다. 청운의 꿈을 품고 내디딘 첫발이었다. 굴곡 많은 인생 시작을 알리는 전조였을까, 이 회사는 얼마 안 가 도산을 하고 말았다.

첫 매듭에서 꼬여버린 정 회장이 두 번째 직장으로 찾아간 곳은 고압선 철탑 설비회사였다. 이름하여 '송전送電 전기원'. 그는 80~160m 상공, 강풍과 뙤약볕 속에서 전선을 수리, 청소하고 애자를 연결하는 일을 했다.

전선엔 345kv의 특고압이 흐르기 때문에 모든 복장은 도전복導電服이 기본이고 한여름에도 안전화, 안전모, 허리띠부터 추락방지 로프까지 중무장을 해야 했다. 20cm 발판볼트를 딛고 매일 100여 m 상공에서 곡예하듯 5년여를 일하던 사이 그는 어느덧 결혼적령기를 맞았다.

보수도 괜찮았고 약간의 스릴도 있어 적성에 맞았지만 평생 직업은 아니라는 생각에 전기원을 그만두었다. 마침 좋은 사람을 만나 가정도 꾸렸다.

결혼 후 다시 재기에 나선 정 회장은 화장품 대리점을 시작했다. 올림픽 특수와 3저(저금리, 저유가, 저달러) 호황을 맞아 사업은 잘 풀렸다.

'이제 나도 내 집 마련, 자가용 시대를 맞으려나' 기대에 들떠 있던 정 회장의 소박한 꿈은 다시 한번 좌절되고 말았다. 이번엔

1997년 IMF 사태였다. 받을 돈을 떼이고, 당좌수표, 가계수표로 돌려막기를 하다 결국은 큰 빚을 지고 말았다.

●

빚더미에 몰려 좌절하고 있을 때 그를 말없이 받아 준 건 고향이었다. 1998년도 달성군 하빈에 정착한 정 회장은 부모님의 전답을 일구며 참외 농사를 시작했다.

귀농 초기 무척 애를 먹었다. 농사에 대해 아는 것도 없었고, 알려 주는 사람도 없으니 매사가 서투르고 주먹구구였다. 더욱이 첫 해 임대로 시작한 참외 하우스가 그해 폭설이 내려 주저앉고 말았다. 또 한 번 큰 손실을 봤지만 호된 신고식 치른 셈 치자며 대범하게 넘겼다.

서투르게 내디딘 귀농 첫걸음, 날씨도 작황도 마음대로 되지 않았다. 거기에 영농대출, 농자재·농기구 도입에 신 농법 교육에 귀농 초보자를 위한 각종 제도는 까다롭고 번거로웠다.

영농에 필요한 많은 제도, 법들이 있었고 정 회장은 이 과정에서 지자체, 농협 등 농민단체들과 관계를 맺어야 했다. 모두 농민들을 위해 존재하는 기관이었지만, 한편으로 이들의 관료주의나 현실을 외면한 탁상행정 때문에 마찰을 빚었다.

비판적인 그의 성격은 이런 부조리 해결을 위해 나서게 했는데 이 일은 향후 그가 농업·농민단체 지도자로 나서는 계기가 되었다.

1999년도 후계농업경영인에 선정된 그는 이듬해에 달성군농업경영인회 사업부회장에 선출되었다. 무보수에 잡무, 고역만 따르는 자리였지만 어쨌든 이 일로 그는 본격 농업·농민운동의 첫 발을 내디뎠다.

농업경인인회는 각종 영농 예산 확보와 판로 확대를 위해 여러 사업을 벌이는데 사업부회장은 이 업무를 총괄하는 자리였다.

필자는 당시 달성군에서 기획감사실장을 맡고 있었는데, 이 시기에 정 회장과 인연이 되어 몇 년 동안 업무적으로 만났다. 정 회장은 당시 수시로 달성군을 찾아와 농업인 예산지원사업과 경영인들의 애로 해결을 위해 많은 협조를 요청해 왔다.

당시 정 회장은 조합원 자격을 놓고 지자체, 농업단체와 크게 마찰을 빚었다. 1990년대 조합원 중 상당수가 직접 경작을 하지 않으면서 조합원으로 등재돼 면세유, 대출 등에서 혜택을 누리고 있었다. 정 회장은 이들의 부당성을 주장하며, 경작자, 현지 농민 위주로 조합원 제도가 운영되는 시스템을 강조했다. 농업 예산을 많이 끌어와 관정管#, 수리시설을 대폭 확충했고 벌 수정 등 새로운 사업도 많이 도입했다.

●

달성군 농민단체에서 벌였던 사업들이 많은 성과로 이어지고 지역 농민단체에서 그의 존재감이 부각되며 정 회장은 드디어 대구시로 활동 영역을 넓히게 되었다.

2007년 정 회장은 대구시영농인회 정책부회장에 선출되었다. 정책부회장은 영농인회에서 가장 강성 목소리를 내는 자리여서

한편으로 부담스러웠지만, 지역에서 자신에게 거는 기대도 있었기에 기꺼이 이 직책을 맡았다.

활동 반경이 광역시 단위로 넓어지면서 정 회장이 대구시, 중앙회, 농협 쪽에 내는 농민·농업정책의 목소리도 커지고, 주장에 힘이 실렸다.

농업·농민단체에서 주목을 받다 보니 정 회장은 지역에서 대구시연합회장 출마 권유를 받게 되었다. 이 자리 역시 권리는 없고 의무만 강요되는 자리였지만 기꺼이 이 짐을 지기로 했다.

후계농업경영인으로 시작한 그의 농민단체 활동은 2015년 농업경영인 대구시연합회 총회에서 회장으로 선출되면서 정점을 찍게 되었다. 그 자리는 그가 원했든, 원하지 않았든 시대가, 사회가 그를 그 자리로 불러낸 것이기에 남다른 소명의식으로 매사에 임했다.

농업·농민단체 광역 수장首長이 되면서 그의 행동반경은 이제 전국 단위로 넓어졌다. 매월 서울 농업경영인 중앙회에서 열리는 이사회에 참가하며 정부의 농업정책에도 관심을 갖게 되었고 정책 결정에도 참여했다.

정 회장 체제 후 정부비판, 개혁 목소리가 부쩍 커졌다. 중앙회와 연대해 정부의 농정 공약 비판, 수매가 인상 등 농민 이익과 직결된 목소리를 높이고, 대북 쌀지원 확대 같은 정치적인 목소리도 적극적으로 냈다. 가톨릭농민회나 전국농민회처럼 정치적 구호를 외치지는 않더라도 농촌·농민들이 당면한 고통에 대해서는 실상을 제대로 알려야 한다는 취지에서다.

●

2015~2019년 재임기간 동안 정 회장은 대구시, 달성군의 농업 유통 발전을 위해 많은 공을 들였다. 부임 초기 그는 지역 유통센터 개혁을 위해 백방으로 뛰어다녔다. 지역의 유통센터들이 산지의 농민들이 땀 흘려 가꾼 농작물을 제값을 받게 하는 일에 너무 소극적이었기 때문이다. 유통업자와 농민들 사이에 있는 유통센터가 당연히 농민들의 입장에 서야 함에도 무사안일한 태도를 보이는 것이 못마땅했다.

수차례 관계기관에 건의, 진정을 하고 필요에 따라 집회 및 실력 행사도 마다하지 않았다.

정 회장은 재임 중 정치권에도 광폭행보를 보였다. 광역단체장 선거 땐 시장 후보들을 불러 농민들의 고충을 알리고 농업 정책을 공약에 포함시켰다.

당시 대구시연합회는 여야를 막론하고 정치인들과 수시로 정책토론회를 벌였는데 그 당시 권영진 대구시장, 김부겸 총리, 홍희락 부시장 등을 수시로 내빈으로 초대해 이들에게 지역 농업단체 현안을 소개하고 동의를 이끌어냈다.

●

기초단체, 광역단체에서 중앙무대까지 넘나들던 정 회장의 농업·농민단체 활동은 2019년 5대 회장을 끝으로 막을 내렸다. 지방과 서울 무대를 넘나들며 많은 농정, 농업 발전에 적잖은 업적을 남겼다.

자연인으로 돌아온 정 회장은 이제 부인과 하빈에서 다시 참외농사에 전념하고 있다. 그동안 자신이 농업·농민단체 활동을 하느라 농사일을 도맡아 온 부인에게 진 빚을 갚고 있는 중이다.

지금도 잘못된 정부의 농업 정책이나 지역 농업 기관의 불합리한 처사를 보면 불끈 화가 치밀어 오른다. 하지만 이제 평범한 '을'로 돌아온 그가 할 수 있는 일이라고는 고함 한 번 치고 멋쩍게 사무실을 빠져나오는 일뿐이다.

가창 우록에서 30년간 대체의학·전통요법 연구 전력

김삼정

가창 '자연식의 집' 원장

2015년 중국의 투유유 여사가 노벨생리의학상을 받으면서 세계 의학계는 큰 충격에 빠졌다. 정통 의사나 과학자가 아닌 일개 연구원이 세계 최고 권위인 의학상을 가로채 갔기 때문이다.

군사의학과학원에서 근무하던 투유유 여사는 당시 개똥쑥을 이용한 신물질 개발로 말라리아 치료약을 개발했다. 인류의 오랜 고민이자 숙원이었던 말라리아가 세계적 권위의 연구소나 제약사가 아닌 '3무無 연구원(원사·박사학위, 유학 경험 無)' 손끝에서 개발되면서 세계 과학·의학계는 그들이 비과학이라고 무시하던 대체의학에 대해 관심을 갖는 계기가 되었다.

'대체의학'의 정의는 '전통의학, 제도권의학, 정규의학에 속하지 않은 모든 보건, 의료 행위나 체제'를 말하며, 넓은 의미로는 '이와 동반된 이론이나 신념 그리고 진료, 치료에 이용되는 모든 행위와 치유제품'을 총칭한다.

달성군의 우미산 자락에도 30년 넘게 천연치료, 대체의학에 몰두해 온 인물이 있다. 가창면 우록리 '자연식의 집' 김삼정 원장이다. 약초 연구에서 시작한 그의 천연치료 행보는 암치료 공간인 자연식의 집을 넘어 다슬기 진액·기름 연구로 이어지고 있다. 김 원장의 30년 자연의학 속으로 들어가 보자.

●

'산중초인山中草人'으로 불리는 김삼정 원장이 가창면 우미산 자락에 들어온 건 1990년. 김 원장은 우록리에 초옥草屋을 짓고 30년간 운기학, 동양철학, 전통한방, 약초연구에 몰두했다.

개인적인 취미에 그쳤던 그의 약초연구는 그의 부인 박필자 여사를 만나면서 본격화된다. 300여 종의 약초를 감별, 가공할 줄 알았던 부인은 김 원장을 설득해 우미산 자락의 약초를 가공하는 사업을 시작했다.

그때 부부가 개발한 '삼정단三淨丹'은 당시 단골들을 몰고 다닐 정도였다. 자연건강식품이었던 삼정단은 강원도 태백산, 오대산의 전문 약초꾼들이 채취한 석남엽, 꾸지뽕에 가창 지역의 복분자, 하수오, 복령, 산수유, 오미자 등 20여 가지 토종약초를 가공해 만든 환丸이었다.

갱년기 장애, 빈혈, 허리 통증, 어지럼증 환자들에게 효험이 있었던 이 식품은 한때 선주문을 받을 정도로 인기를 끌었다.

그러나 이 삼정단은 약초 조달과 제조 단가를 맞추지 못해 얼마 안 돼 사업을 접고 말았다. 당시 심마니들 사례비와 생산비를 따져 손익분기점을 맞출 수 없었기 때문이다.

●

약초 가공사업을 접고 우미산 자락 초옥에서 휴식을 취하고 있을 때 한 지인이 찾아왔다. 당시 암투병을 하던 지인은 대구 근교에서 휴양처를 찾고 있었다.

이 일을 계기로 김 원장은 2004년 우록리 현재의 자리에 '자연식의 집'을 열고 암환자 요양사업을 시작했다.

 중중환자, 암환자를 돌보는 사업을 시작하는 일이 쉽지 않았지만 우록 일대가 청정 지역인 데다, 주변 농가에서 무농약, 유기농 식품들을 쉽게 조달할 수 있어 고민 끝에 요양원을 열었다.

 병원과 달리 치료 수단이 없는 요양원은 환자들을 위한 케어에 한계가 있었다. 김 원장은 환자들이 자연 속에서 맘 편히 휴양할 수 있도록 최적의 환경을 제공했다.

 식사는 채식 위주, 유기농 식단으로 제공했고, 환자들은 숲속 산책로에서 자신의 컨디션에 따라 자유롭게 운동할 수 있도록 했다. 원하는 환자들에겐 풍욕, 복식호흡, 냉온욕, 요가 등 프로그램을 진행했다.

 김 원장의 이런 정성과 노력은 바로 성과로 이어졌다. 몇몇 환

자들에게서 뚜렷한 호전반응이 일어난 것이다. 그중 첫 입소했던 손 모 씨는 1년 후 정기검진에서 몸속에 암세포가 사라졌다는 판정을 받았다.

이 일은 지역일간지 '암 투병 성공사례'에 소개되며 큰 반향을 일으켰다. 손 씨는 그 후 공중파, 종편 TV에도 출연해 기적의 사례로 소개되며 의료계의 주목을 끌었다.

김 원장은 "손 씨의 기적 같은 치유가 현대의학의 덕인지 우리 요양원의 공功인지 과학적으로 입증할 수는 없지만, 우리 자연식의 집이 치료의 공간으로 역할을 했다는 점에서 큰 보람을 느낀다"고 말했다.

●

그 후 자연식의 집은 아토피 환자, 고혈압·당뇨 등 성인병, 암·중증환자들이 찾아들었고 그들이 많은 치료를 경험하며 치유의 요람으로 거듭나게 되었다.

자연식, 유기농 청정환경을 바탕으로 자리를 잡아가던 '자연식의 집'은 그 후 쇠락의 길로 접어들었다. 이유는 간단했다. 병원이 아닌 까닭에 건강보험이 적용되지 않았고, 또 주변에 천연요양시설을 갖춘 병원들이 잇따라 문을 열었기 때문이다.

김 원장은 "처음에 입원했던 환자들이 웬만큼 컨디션이 좋아지면 건강보험, 보험이 적용되는 요양병원으로 옮겨 가는 바람에 수지를 맞추기가 어려웠다"고 토로했다.

●

약초 가공, 암환자 요양사업을 거치며 많은 내공을 쌓아온 김 원장은 2000년 초 새로운 사업에 도전했다. '민물에 사는 웅담'이라는 다슬기를 활용한 건강식품 사업이었다.

당시 다슬기 기름 생산은 대부분 기계설비에 의한 대량 생산 방식이었는데 김 원장은 여기서 탈피해 전통방식으로 다슬기 기름을 내리는 비법으로 승부수를 던졌다. 말이 좋아 전통방식이지 왕겨 9 가마를 붓고 9일 동안 불을 때 완성하는 다슬기 기름은 수고와 땀을 갈아 넣는 과정이어서 다들 기피하는 방식이었다.

김 원장이 공개하는 다슬기 기름 제조법은

- 다슬기 15kg을 소금물에 담가 해감을 하고
- 항아리에 담아 땅에 묻은 후
- 다른 항아리를 그 위에 엎고 새끼줄로 감고
- 경주 남산에서 퍼온 황토를 10cm 두께로 바른 후
- 왕겨 9 가마를 덮고
- 9일 동안 불을 지피는 방식이다.

김 원장은 "불의 세기에 따라 단지가 깨지거나 황토가 갈라질 수 있어 꼬박 9일을 곁에 붙어 있어야 하는 중노동"이라며 "대신 우리 식품을 복용한 손님들이 호전되었다는 소식을 전해 올 때 가장 보람을 느낀다"고 말한다.

이런 다슬기 효험들이 알려지면서 김 원장의 다슬기 기름은 지역 언론과 공중파의 주목을 받기 시작했다.

2019년 MBC '생방송 오늘 저녁', 2017년 KBS1 '6시 내고향', 2016년 TV 조선 '코리아헌터', 2015년 'KBS2 생생정보' 등에 소개되며 우미산 다슬기 기름은 전국적인 건강식품으로 부상했다.

당시 하루에 수십 통씩 걸려오는 전화 때문에 업무를 제대로 볼 수 없었고, 주문이 쇄도해 물량을 맞추는데 6개월씩 대기가 걸리기도 했다.

●

이렇게 전국을 들썩이던 다슬기 기름 열풍도 이제 잠잠해졌다. 우선 코로나19 탓에 다들 살림이 팍팍해지며 건강식품에까지 관심이 미치지 못하고 있기 때문이다.

갑자기 줄어든 다슬기 생산량도 김 원장의 사업 공백의 한 원인이 되고 있다. 건강식품도 시대와 유행을 타 굴곡이 심하기 때문에 김 원장은 코로나19 이후 다가올 새로운 건강 트렌드를 주목하고 있다.

"시대가 아무리 변해도 우미산의 청정환경과 우록리의 맑은 산수, 풍광은 그대로 존재할 것입니다. 여기에 터를 잡은 저도 이런 든든한 자연을 기반으로 대체의학의 발전에 더욱 정진할 것입니다."

40년간 다사에서 매운탕집 운영… 대구 매운탕 역사 산증인

윤팔현

낙동식당 대표

물고기나 생선을 고추장, 고춧가루와 여러 가지 채소로 끓여낸 매운탕은 한국인의 입맛에 가장 맞는 음식 중 하나가 아닌가 한다.

한국에 고추가 전래된 것은 임진왜란 때이니 그 전엔 담백한 생선국을 먹었고, 16세기 이후 본격 매운탕이 등장했을 것으로 추측된다.

『시의전서是議全書』나 『조선요리제법朝鮮料理製法』에 고추장을 이용한 찌개요리법이 등장하는 것으로 보아 얼큰한 탕湯요리나 조림이 우리 식탁에 오르기 시작한 건 대략 400년쯤 된 것으로 보인다.

이강일천二江一川(낙동강, 금호강, 신천) 고장인 대구에서도 풍부한 강변江邊 입지를 바탕으로 매운탕 요리가 발달했다.

매운탕은 국밥, 선지국, 어탕국수 등 매콤한 요리를 좋아하는 대구의 풍토, 입맛과도 맞아떨어져 지역민의 입맛에 쉽게 녹아들었다.

그중 1990년대 대구에서 출발한 '논메기 매운탕'은 우리 요리사에서 한 장르를 구축하며 전국적인 음식으로 부상했다.

이번에 소개할 낙동식당 윤팔현 대표는 40년 가까이 문산에서 매운탕집을 운영하며 대구, 특히 다사 지역의 매운탕집 계보를 이어가고 있다. 윤 대표의 매콤한 40년 매운탕 인생 속으로 들어가 보자.

●

대구 매운탕 거리 역사는 1960년대로 거슬러 올라간다. 이 무렵 금호강, 낙동강 변의 동촌, 강창, 강정, 화원, 옥포 등지에 매운탕집이 본격적으로 들어서기 시작한다.

이 지역에 '매운탕 집단거리' 가 형성된 것은 1978년 화원유원지 매운탕촌이 들어서면서부터이다. 당시 화원유원지에는 화성, 오복, 국일, 버들, 명성식당 등이 맛집으로 이름을 올렸다.

낙동강 본류를 낀 화원유원지가 대구 매운탕 거리의 본산이었다면 낙동강과 금호강이 합류하는 강창, 강정지역 매운탕촌은 아류로 불릴 만했다. 강창의 '대구관' 은 박정희 대통령이 두 번이나 찾아 회식을 했을 정도로 맛과 전통, 지명도를 자랑했다.

한때 상당한 규모의 집단촌을 형성했던 강창 매운탕촌은 현재 흔적조차 남아있지 않다. 이 일대가 상습 침수 지역으로 정주定住 여건이 불안했고, 1971년 강창교가 들어서며 그 일대 도시화가 진행되었기 때문이다. 이때 다사 일대 매운탕촌의 중심축이 강창에서 강정으로 옮겨 가게 되었다. 당시 금호, 경산, 다사식당 등이 강정에서 이름을 날리던 식당들이다.

1970년대 화원, 강창, 동촌에 식당가가 번창했는데, 이는 이 지역이 옛부터 나루터 지역이었기 때문이다.

전통시대 나루터는 지역 유통, 상업의 중심지였다. 반세기 전 주막을 중심으로 펼쳐지던 식당, 주류업의 전통이 매운탕 식당가로 이어진 건 자연스러운 현상이라 하겠다.

●

　낙동식당 윤팔현 대표가 문산리에 매운탕집을 연 건 1980년 무렵 화원유원지, 강정유원지에서 매운탕촌이 전성기를 누리고 있을 때였다.

　윤 대표는 "화원, 강정의 매운탕집 붐이 워낙 강해 당시 낙동강 상류인 부곡, 문산, 매곡 등에도 매운탕집이 하나둘씩 들어섰다"고 말한다.

　강변에서 태어나 강가에서 자란 윤 대표가 매운탕집을 연 건 어찌 보면 자연스런 귀결이었다.

　당시 매운탕 집에 대한 뚜렷한 비전이나 경영철학이 있었던 것이 아니고, 그저 물가에서 태어나 가장 잘할 수 있는 일이 물고기를 잡는 것이었기 때문에 이 일이 생업으로 이어진 것이다.

　지금은 대부분 양식장에서 물고기를 들여오지만 초창기에는 업소들이 직접 강에 나가 어로 작업을 하기도 했다고 한다.

　윤 대표는 "1960~70년대만 하더라도 나룻배 어로漁撈가 제법 성행했다"며 "식당에 따라 자기 배로 직접 물고기를 조달하거나 전문 업자에게 고기를 받았다"고 회상했다. 살림이 넉넉하지 못했던 윤 대표에게 매운탕집은 그저 생활이요, 생계지책이었다. 재력이 조금만 뒷받침됐더라면 당연히 그도 강정, 화원 쪽에서 문을 열었겠지만 그렇지 못했던 윤 대표에게 지금 문산리 자리는 어쩔 수 없는 선택이었다.

　교통이 불편한 외진 자리에서 윤 대표가 할 수 있는 일은 최고

의 맛을 내는 일과 최대한 성심으로 손님을 맞는 일이었다. 다행히 부인의 손맛이 손님들 사이에 알려지며 조금씩 매출이 늘기 시작했다.

●

문산의 구석자리에서 출발한 낙동식당에 1990년대 들어 햇빛이 들기 시작했다. 1988년 올림픽 이후 경제 호황에 힘입어 마이카 붐이 불면서 드라이브족이 몰려들었다.

윤 대표는 "다사는 자체로는 외진 곳이지만 동쪽으로 240만 대구 도심을 끼고, 서쪽으로는 고령·성주가 맞닿아 있다"며 "이런 근접성 덕에 근교에서 자가용들이 몰려들었다"고 말했다.

최고의 강변 뷰view 환경도 식당 대박에 크게 일조했다. 낙동강변의 식당들이 대부분 조망이 좋을 것 같지만 식당에서 강을 한눈에 볼 수 있는 곳이 그렇게 많지 않다. 낙동식당은 부곡과 문

산을 연결하는 제방 끝 고지대에 위치해 조망이 뛰어나다. 특히 봄철 강변의 벚꽃과 어우러진 강 풍경은 '왜 낙동식당이 일대 최고의 명소인가' 라는 물음에 대한 해답이다.

돈이 없어 허름한 장소에 열었던 식당이 마이카 붐과 리버river 뷰라는 로맨틱 코드와 만나 대박집으로 거듭난 것이다.

차분하게 성장세를 이어 가던 낙동식당은 1990년대 들어 또 하나의 호재를 맞게 된다. 현재 다사읍 매운탕을 제2의 부흥기로 이끈 '손중헌 논메기매운탕' 이 들어선 것이다. 손중헌 씨는 자신이 운영하던 논메기매운탕을 '부곡리 신화' 로 이끌며 이 일대에 큰 반향을 일으켰다. 이후 죽곡, 문산 지역에 매운탕집이 30군데 이상 들어서며 '논메기탕 벨트' 가 형성됐다.

이런 인기를 업고 다사의 논메기매운탕은 '대구 10미味', '지역특화 음식' 으로 지정되기도 했다.

●

매운탕 조리법은 집집마다 다르지만 기본적으로 육수에 고춧가루, 양념을 풀고 감자, 깻잎, 토란대, 배추, 대파 등 채소를 물고기와 함께 끓여낸다. 또 당면을 함께 넣어 매운탕의 짠맛과 거친 맛을 중화시킨다. 낙동식당에서는 재료를 차별화해 천년초를 먹여 키운 메기를 쓰고 있다. 천년초는 철분, 칼슘, 비타민을 함유하고 있어 독소, 노폐물 배출 기능이 뛰어나다.

윤 대표는 "천년초 메기는 약리藥理 기능도 뛰어나지만 맛이 담백하고 비린내가 적어 여성, 아이들도 부담 없이 잘 먹는다"고 말한다.

매운탕과 함께한 40년의 세월. 그간 윤 대표는 점포도 3층으로 올리며 어느 정도 성공을 이루었다. 돈이 없어 강가 외진 곳에 잡은 터는 리버뷰 입소문을 타고 대박집이 되었고, 다사 일대에 '매운탕 벨트'가 형성되며 전국적인 맛집 거리로 성장했다.

지역 매운탕집 중 이제 40년 전통을 이어가고 있는 것은 아마 낙동식당이 유일할 것이다. 매운탕과 인생의 반半을 함께한 셈인데 윤 대표는 그 지난至難의 세월을 이렇게 소회했다.

"제게 매운탕집은 생계요, 호구지책이며 생활 자체였습니다. 전통이니, 대를 잇는 자부심이니 그런 것은 생각할 겨를도 없었죠. 제가 얼마나 이 가게를 더 꾸려 갈지 모르지만 앞으로도 오시는 손님 정성껏 맞고, 맛있는 음식 만들어 내며 남은 생을 보내려고 합니다."

"봉사는 내 운명" 가창면 용계리서 교육나눔·어르신 봉사

김현희

해늘공방 대표

봉사와 헌신의 마음가짐은 선천적으로 타고난 걸까, 후천적으로 양성된 품성일까? 듣기로 봉사 정신을 타고난 사람은 사주에 '사명使命'을 뜻하는 '사使 자' 기운이 강해 이타利他 정신을 잘 받아들인다고 한다.

사주학에서도 봉사, 헌신은 '정관正官', '정인正印'과 통해 공무원, 군인, 경찰, 종교인들이 이 운명을 타고난다.

그런가 하면 봉사 정신이 후천적으로 발현하는 경우도 있는 것 같다. 필자가 10여 년 전에 만났던 대구적십자사의 한 봉사자는 30년 가까이 지역에서 나눔을 실천해 왔다. 재밌는 것은 그분이 봉사에 나설 때 두 딸이 함께 나서고, 같은 시간 그 딸들의 자녀(외손자)들도 홀몸 어르신 가정에 반찬통을 나르고 있다는 사실이다. 3대가 사회봉사를 실천하고 있는 셈인데 이들 모두 정관, 정인 사주를 타고난 것이 아니라면 봉사, 헌신은 꼭 선천적인 특성만은 아닌 것 같다.

이번에 소개할 달성군 가창면의 '해늘공방' 김현희 대표는 봉사, 헌신의 DNA가 뚜렷한 여성이다. 직업 봉사자나 열성 회원들처럼 현장에 올인하지는 않지만 생활 속에서 자신이 잘 할 수 있는 일을 찾아서 실천에 나서고 있다. 가창면 용계리에서 5년째 교육 봉사, 나눔 활동을 펼치고 있는 김현희 씨를 소개한다.

●

〈사랑, 나눔이 있는 곳에 하느님이 계시도다〉, 영화 〈울지마

톤즈)에 나오는 타이틀 송이다. 노랫말처럼 김 대표에게 봉사 DNA는 태어나기 전부터 시작됐다.

천주교 모태 신앙이었던 그에게 신앙은 일상이었고 봉사는 생활이었다. 김천에서 중·고 학창 시절을 보낸 김 대표는 방학 때마다 봉사단체, 복지시설로 바삐 뛰어다녔다.

김 대표의 봉사 활동은 효성여대(지금 대구가톨릭대)에 입학해서도 계속되었다. 그녀가 활동한 가톨릭학생회는 전국 대학 연합 동아리였는데 주로 대구지역 동아리와 연대해 지역 사회 봉사활동을 펼쳤다. 국제재활원, 결핵협회, 요양원 등이 주 활동무대였다. 꿈 많고 하고 싶은 일도 많았던 여대생 시절, 김 대표는 자기의 욕심, 일신의 안일을 내려놓고 소외된 이웃을 찾아 나섰다. 김 대표는 '수고와 희생이 따르는 일이었지만 거기에서 얻는 위안이 더 컸기에 기꺼이 그 일을 찾아 나섰다'고 말한다.

●

대학을 졸업한 김 대표는 잠시 진로를 놓고 고민에 빠졌다. 교직, 공무원, 회사원 등 여러 진로 속에서 망설이고 있을 때 김 대표를 불러 세운 건 신앙이었다. 세상 즐거움보다 경건, 보람의 길로 이끄는 어떤 힘에 이끌려 다시 봉사자의 길로 접어들었다.

1992년 김 대표는 대구YMCA에 입사하며 사회교육부에서 활동을 시작했다. 꼬박 8년간 기독교 단체 봉사, 사회 복지시설 봉사를 했다. 청소년쉼터에서 미혼모, 한부모, 조손祖孫가정 등 결손가정을 돌보는 것도 중요 업무였다.

　YMCA 시절 김 대표는 한 소녀와의 만남을 작은 보람으로 간직하고 있다. 어느 날 청소년쉼터에 한 여학생이 들어왔는데 편부 슬하에 아버지는 술주정, 폭력을 일삼는 무능력자였다.

　김 대표는 '학교 밖 부모' 경험을 살려 엄마, 이모처럼 이 소녀를 보살폈고 네일숍에 등록을 시켜 자활의 길을 터주었다. 여기서 네일아트, 미용을 배운 학생은 바로 취업이 되었고, 이후 좋은 배우자를 만나 가정까지 꾸렸다.

　쉼터에서 만난 인연을 그 학생이 성인이 되어 가정을 꾸릴 때까지 이어 갔기 때문에 이런 결실을 맺게 된 것이다.

●

　김 대표는 1990년 결혼 후 남편 사업을 따라 가창면 용계리로 이사를 왔다. 캠퍼스, 요양원, 사회복지시설을 넘나들던 김 대표의 봉사 활동은 결혼과 함께 잠시 휴지기로 들어섰다. 가정과 육아에 전념하면서 몇 년 동안은 여유가 없어 성당에서 교리교사, 교육캠프 봉사만 했다. 그러는 사이 아이들은 자라 김 대표는 학부모가 되었고, 다시 부지런히 집, 학교, 성당을 뛰어다녔다.

　가창면 용계리는 찐빵골목과 아파트, 주택가가 혼합된 정체성이 애매한 마을구조를 하고 있다. 한편으로 도시생활과 전원생활을 함께 누리는 장점도 있었지만 자녀들 교육이 문제점으로 떠오르고 있었다. 학원도 보육시설도 없는 반농반도半農半都 지역에서 학부모들의 관심은 교육에 몰려 있었지만 마땅한 대안이 없어 고민만 하고 있었다.

　잠자고 있던 김 대표의 봉사 DNA가 깨어난 건 바로 그때였다. 김 대표는 2016년부터 가창 '우리마을교육나눔' (이하 교육나눔) 사업을 시작했다. 도심에서 떨어져 소홀할 수밖에 없는 교육 핸디캡을 시골 단위 주민자치 교육프로그램을 통해 극복하자는 취지였다.

　'교육나눔' 회원들은 주로 지역 주민, 성당 신도들이 주축을 이루었다. 모임의 취지는 마을공동체를 위한 지역 봉사와 '우리 아이들은 우리가 키워보자' 는 교육 활동에 초점이 모아졌다.

　먼저 가족 단위 합창단 '참꽃 가족합창단' 을 조직했다. 초등생부터 할머니까지 단원으로 참가한 이 합창단은 지역축제, 행사마다 불려 다닐 정도로 지금도 인기가 좋다.

가창면에서 정화, 청소 활동을 펼쳤던 '마을 청소년 환경지킴이' 캠페인도 진행했다. 학생들은 이 프로그램에 참가하면서 분리수거, 일회용품 사용 않기, 텀블러 사용, 비누로 목욕하기 등 친환경, 그린 캠페인을 스스로 실천했다.

지역의 역사 유적, 문화 명소를 돌아보는 '동네 한바퀴'도 아이들, 주민들에게 인기를 끌었던 행사다. 지역의 어르신을 강사로 모시고 동네 고찰, 서원, 유적을 돌아보는 행사도 주민들이 지역에 대한 자긍심을 높이는 계기가 되었다.

엄마, 아빠와 함께하는 '가족 캠프'는 마을공동체 문화를 펼치는 데 큰 도움을 주었다. 자녀들이 수확철에 옥수수 따기, 감자 캐기, 블루베리 수확 등 체험 활동을 하면서 환경의 중요성, 가족 간 사랑을 체험할 수 있었다.

이 밖에 어버이날, 추석이나 명절 때 전통음식을 만들어 홀몸 어르신이나 소외 가족과 음식을 나누는 행사도 호평을 받았다.

지금은 코로나19로 대부분 활동이 중지되고 일부 행사만 비대면으로 이루어지고 있다.

김 대표는 "교육 나눔 활동은 지역 학교, 행정기관, 자영업자들이 협업해 풀뿌리 교육자치를 실천하는 의미를 갖는다"고 말하고 "이를 통해 마을공동체의 건전한 육성과 청소년들의 올바른 인성 함양에 기여했다"고 평가했다.

●

　2020년 김 대표는 가창면에 '해늘공방'이라는 단체를 설립했다. '우리마을교육나눔' 활동도 계속하고 있지만 교육 활동 외 지역 봉사를 강화하기 위해 학부모와 지인들이 뜻을 모아 설립했다.

　사업체 등록까지 마친 자영업 형태이지만 속을 들여다보면 '영리營利' 단체가 아니라 '영리0利' 단체임을 알 수 있다. 수익은 전혀 나지 않고 모든 비용은 약간의 정부보조금과 회원들의 회비로 충당한다. 시민주도형 문화 봉사 활동을 콘셉트로 주로 아이들 예술교육, 마을 어르신 돌봄 프로그램을 진행하고 있다.

●

　자기 희생을 전제로 한 봉사는 웬만한 인격자라도 실천하기 어려운 덕목이다. 헌신의 길은 자신이 원하지 않으면 회피할 수 있다는 점에서 철저하게 자기 의지에 의한 자기 참여 행위이기 때문이다.

　중고교-대학 시절-사회생활에서 봉사로 일관해 왔던 김 대표가 결혼 후 아이 교육, 육아를 핑계로 봉사를 잠시 접을 수도 있었다. 그러나 그녀는 그 바쁜 살림, 육아 과정에서 '교육나눔'이란 틈새시장을 찾아내고 이를 자신의 봉사 활동으로 연결했다.

　축복처럼 태어난 늦둥이도 김 대표의 봉사 활동의 동력動力이 되고 있다. 지금 진행하고 있는 마을 교육 봉사, 해늘공방도 육아, 아이 교육의 연결선상에서 진행되고 있기 때문이다.

　대도大道에 문門이 없듯 봉사에도 정해진 길이 없으니 김 대표의 봉사 영역이 어디로 이어질지는 모른다. 그러나 어디든, 언제든 늘 깨어있는 그녀의 봉사 DNA가 그녀를 그곳으로 안내할 것이다.

"내 인생은 도전의 연속… 80 나이에 박사과정 입학"

김승호

전 영남대 음대 작곡과 교수

물리학자가 꿈인 소년이 있었다. 소년은 뉴턴과 아인슈타인 같은 과학자를 소망했다. 그러나 어느 날 교회에서 들었던 피아노 연주는 그의 꿈을 바꾸어 버렸다. 흑백 건반 터치로 이렇게 아름다운 선율이 연주될 수 있다니… 소년은 음악이야말로 자신의 운명임을 직감했다. 바로 피아노 레슨을 시작했고, 내친김에 작곡 수업까지 받았다.

고 3을 맞아 소년은 갈림길에 섰다. 둘 중 하나는 포기하거나 유예해야 했다. 물리학자와 음악가 사이에서 망설이던 소년은 경북대 물리학과에 입학했다. 빨리 물리학자, 발명가가 되어 가난에서 벗어나기 위해서였다. 청년 김승호는 물리학자의 꿈을 위해 전공에 몰입했고, 그 꿈에 가깝게 다가서고 있었다.

●

2학년을 마치고 군대에 갔다. 복학을 앞둔 그는 다시 한번 고민에 빠졌다. 당장의 생계 걱정이 그의 진로를 막아섰던 것이다. 물리학자가 되기 위해서 소요되는 10년(대학원, 박사과정)이라는 기간 때문이었다. 당장 집안 통장에는 복학 등록금도 없는데.

5년 전 밀쳐 두었던 음악가의 꿈이 다시 그를 '현실'로 불러냈다. 졸업하면 바로 음악교사로 발령 난다는 달콤한 유혹도 그의 마음을 움직였다. 물리학자와 작곡가 사이에서 '음악교사'는 적정한 타협 지점이었다.

물리학자의 꿈을 잠시 유보하고, 계명대 음대 작곡과 2학년에 편입했다. 한 번을 돌아서, 힘들게 온 길이기에 열심히 음악에 파고들었다.

●

정말 졸업과 동시에 교사 자격증이 나왔고 시내 모 중학교에 음악 교사로 발령이 났다.

이제 김 교사는 소망하던 음악을 할 수 있게 되었다. 거기에 숙원이었던 생계 문제까지 해결되었으니 꿈의 반은 이룬 셈이었다.

그러나 음악에 대한 재능과 열정은 그를 중학교의 음악실에 가둬두지 못했다. 본격 음악가, 작곡가의 길로 들어서길 원했던 그는 2년 만에 사표를 내고 서울대 음대 대학원 시험에 도전장을 냈다.

학과 개설 이래 지방대 출신이 입학한 사례는 손을 꼽을 정도라는 어려운 시험이었다. 기본적으로 작곡 실력이 우선되어야 하고, 무엇보다 영어·독일어 시험이 무척 까다로워 이 관문에서 대부분 과락科落을 면하지 못하기 때문이다.

●

1974년 서울대 대학원에 합격한 김 교사는 최고의 교수진으로부터 수업을 들을 수 있게 되었다. 음악도 김승호에게 대학원 2년은 자신의 이론과 실력을 무장하고 단련하는 중요한 시기였다. 평생 꿈꿔왔던 '강단의 꿈'이 또렷하게 다가옴을 느꼈다.

금방 교수 초빙이 날아왔다. 그는 석사학위를 받고 졸업도 하

기 전에 전북의 모 대학 작곡과 전임강사로 발령을 받았다.

산 설고 물 설은 타향에서 나름 풍토에 적응하며 열심히 후진 양성에 나설 즈음 모교인 계명대에서 연락이 왔다. 조교수로 작곡과를 맡아달라는 부탁이었다.

1979년 김 교수는 5년 만에 고향으로 돌아왔다. 대구시 남구 언덕배기에 위치한 대명동 캠퍼스는 편안히 그를 품어 주었다.

●

모교에서 평생 후학을 양성하고 싶다는 그의 소박한 꿈이 흔들리기 시작한 건 그로부터 2년 후, 영남대에서 다시 러브콜이 왔기 때문이다. 두 캠퍼스, 진로 사이에서 많은 고민을 하던 김 교수는 영남대로 자리를 옮기기로 결심했다. 영남대에서 작곡을 전공한 교수가 급히 필요했고, 학과의 여러 교수들이 모두 김 교수를 원했기 때문이었다.

1981년 영남대 작곡과에 부임한 김 교수는 작곡가협회 회장 등을 맡으며 대구경북에서 왕성한 음악 활동을 이어갔다.

영남대 교수 부임 이후 또 새로운 도전에 나섰다. 이번엔 연세대 음대 대학원 박사과정이었다. 이미 교수에 임용된 터라 학위가 꼭 필요한 건 아니었지만 자신의 음악 완성과 새로운 작곡의 영역에 도전하고 싶었기 때문이다.

40대 나이에 도전한 박사과정 관문도 호락호락하지는 않았다. 필기시험을 위해 고사장에 가보니 한국 음악계 기라성 같은 음악가들이 다 모여 있었다. 지금도 이름 석 자만 대면 모두 알 만한 사람들이 당시 김 교수와 박사과정 한 자리를 놓고 경합을 벌였다.

이번에도 김 교수의 완승이었다. 평소 영어와 독일어를 꾸준히 준비해 놓은 덕에 박사과정에서도 관문을 쉽게 넘어설 수 있었다.

이렇게 어렵게 뚫고 들어간 시험이었지만 김 교수는 건강악화로 박사학위를 마칠 수 없었다. 긴 시간은 아니었지만 김 교수는 이 기간 동안 한국의 음악 경향과 서울의 작곡·음악 트렌드에 대해 상세히 들여다보는 계기가 되었다.

●

영남대 재직 시절 뜻하지 않은 행운도 찾아왔다. 문교부(현 교육부) 선정 해외파견 유학프로그램에 선정돼 1년 동안 미국 국비유학을 가게 되었다.

고전음악의 출발은 유럽이지만 현대 음악에서 미국의 클래식도 큰 비중을 차지하기 때문에 미국 유학은 그에게 소중한 기회였다.

좋은 기회를 혼자만 즐기기가 미안해 김 교수는 온 가족을 미국으로 불러들여 한 달 동안 현지에서 여행을 다녔다. 이때 신문물을 경험한 자녀들은 자신들의 인생을 설계하고 꿈을 키워 현재 모두 도미渡美해 음악가로 살고 있다.

●

정년퇴직을 앞두고 김 교수는 가창으로 귀촌을 준비했다. 대구 도심과 가깝고 전원생활의 프리미엄도 동시에 만족할 수 있다는 계산에서였다.

처음엔 아파트를 알아보러 다녔다. 그러나 가창으로 출입이 잦아지면서 점점 가창 자연의 매력에 끌려들었다. 귀농을 하는 김에 아예 전원주택을 짓기로 했다.

2004년 김 교수는 가창면 상원리에 둥지를 틀었다. 마을 뒤로는 성암산, 상원산 줄기가 병풍처럼 펼쳐지고 그 산을 배경으로 가창 뜰이 남향으로 넓게 자리를 잡았다. 벌써 17년째 김 교수는 부인과 함께 가창에서 노후를 보내고 있다.

●

2012년 김 교수에게 캄보디아 선교 기회가 열렸다. 자신의 신앙을 단련하고 자신을 축복 속으로 이끌어준 창조주에게 헌신할 좋은 기회였다.

김 교수는 현지에서 꼬박 4년 6개월을 선교사로 활동했다. 다른 사역은 목회자들이 담당하고, 김 교수는 현지에서 부인과 함께 어린이들과 교민들에게 피아노, 음악 봉사 활동을 펼쳤다.

부부의 음악 봉사는 매년 음악 작곡발표회를 열며 현지에서도 주목을 끌었다. 특히 2회 대회부터는 현지 프놈펜대학 강당에서 행사가 열릴 정도로 규모가 커졌다.

김 교수는 "서툰 영어로 교민 어린이들, 현지 학생들을 상대로 화성학, 지휘법 등을 설명하는 과정이 재미있었다"고 회상했다.

●

현재 가창에서 김 교수 부부는 매일매일 바쁜 삶을 이어가고 있다. 매주 화, 수, 목에는 청도에 있는 '하나 케어 팜 농장'에서 아이들에게 음악 수업을 진행한다.

또 가창 주민들 문화공동체 모임에도 참가해 지역 문화 활동에도 나서고 있다. 손자들과 함께 마을합창단에 가입해 활동을 하는가 하면 마을 어린이들을 대상으로 마을의 문화유산 설명도 한다.

건강 때문에 포기했던 박사과정에도 다시 노크했다. 작년에 캐나다의 한 대학 박사과정에 입학에 열심히 온라인 수업을 듣고 있다. 아마 2년 후면 평생 소원이던 박사학위도 가질 수 있게 될 것이다.

"내 나이 80이 넘어 박사학위에 도전하고 주 3회씩 나를 강사로 불러 주는 곳이 있으니 이만하면 스스로 잘 살았다고 생각합니다. 어릴 때 꿈꿔왔던 물리학은 결국 '가지 못한 길'이 되고 말았지만 대신 제 삶 자체가 물리학이 아니었나 생각합니다. 제 인생의 모든 과정을 물리학적으로 계량하고, 수학적으로 풀어준 창조주가 계셨으니까요."

온갖 고초 겪으며 28년간 지역에서 박스·포장사업 '외길'

제갈양호

남영포장공업사 대표

선사시대 인류가 지력智力 신장을 바탕으로 문명을 일으킨 데는 종이 발명의 공이 크다. 단순 기억을 반복하던 인류는 종이를 만나 기록, 보존 수단을 확보하며 지식과 정보를 후대로 전승할 수 있게 되었다.

수천 년 동안 기록, 인쇄·출판, 서화의 수단으로 사용되던 종이는 현대산업사회에 들어와 '틈새시장'을 발견하게 되는데 그게 바로 종이박스, 포장지 사업이다.

습기에 취약하고, 불에 잘 타며, 잘 찢어지는 종이가 포장용재로 주목받게 된 계기는 '골판지'가 발견되면서부터이다. 골판지는 두 종이 사이에 물결 모양의 골심지를 풀로 붙여 만든 판지를 말하는데, 낱장으로는 취약한 종이가 3~4장 입체, 겹으로 제작되며 내구성, 완충성을 확보하게 된 것이다. 여기에 최근 표면에 PE나 폴리에스테르 코팅 기술이 도입돼 습기나 비에도 견딜 수 있게 되었다.

대구경북은 일찍부터 종이박스 사업이 발달했다. 대구에서 섬유산업이 발전하며 포장용재 수요가 급증한 것이 가장 큰 이유였다. 또 1970~80년대 대구 사과, 영천 포도, 청도 복숭아, 성주 참외 등 과일들이 대량으로 재배되면서 박스공장이 곳곳에 들어서게 되었다.

이번에 소개할 남영포장공업사 제갈양호 대표는 지역에서 박스산업의 '산증인'과 같은 인물이다. 지역에서만 28년 동안 공장을 운영하며 박스산업의 시작부터 전성기, 쇠퇴기까지 전 과정을 지켜보았다.

한때 통장에 돈이 쌓이는 재미로 밤새 작업을 하던 시기도 있었지만, 지금은 대기업의 대량생산 시스템에 밀려 고전을 면치 못하고 있다. 제갈 대표의 28년 박스 인생 속으로 들어가 보자.

●

1967년 논공읍에서 태어난 제갈 대표, 그의 집안은 대대로 농사를 가업으로 이어오던 중농中農이었다. 지금은 논공에 공단이 들어서 도농복합 도시로 발전했지만 40~50년 전만 하더라도 논공지역 주민들의 주업은 농업이었다.

남양 제갈씨의 집성촌인 논공은 씨족 집단을 배경으로 전통부락 성격이 강한 곳이었다. 삼국지에 나오는 제갈공명이 바로 남양 제갈씨의 시조다. 공명의 후손이 어떻게 이곳까지 전래됐는지는 알 수 없지만 중국 위·촉·오 삼국시대 충신이자 재사才士인 공명의 후손이라는 사실은 후손들에게는 큰 자부요, 영광이었다.

●

현풍에서 중·고교를 졸업한 제갈 대표는 1986년도 계명대에 입학했다. 진학에 뚜렷한 비전과 목표가 있었던 것도 아니고 그냥 친구들이 가니까, 사회가 졸업장을 요구하니까 그냥 관성대로 따라갔다. 등 떠밀려 발을 들여놓은 대학에 흥미가 붙을 리 없었다. '내 길'이 아니라고 판단한 그는 1학기가 끝나기도 전에

학업을 접어버렸다.

자퇴서를 내고 그가 한걸음에 달려간 곳은 서울에 세운상가였다. 당시 세운상가는 우리 전자산업 유통의 중심지이자, 벤처 산업의 메카로 떠오르고 있었다.

서울에서 그가 뛰어든 사업은 비디오 도매상이었다. 영화사에서 영화 판권을 사오면 그 영화를 공테이프에 복사해 전국 비디오가게로 납품하는 일이었다.

당시 SK 공테이프가 500~1천 원을 했는데 테이프 하나에 8천~1만 원씩 받았으니 일도 재미있었고 힘든 만큼 돈도 됐다.

수천 개에 이르는 영화 테이프는 포장지에 담겨져 전국 비디오가게로 배송됐는데, 테이프가 나오는 날이면 트럭, 오토바이, 리어카들이 박스를 화물로 실어 나르느라 분주했다.

숨어 있던 그의 장사꾼, 사업가 본능이 나타난 건 바로 그때였다.

"당시 전자제품들과 함께 세운상가를 뒤덮고 있었던 건 수많은 종이박스들이었어요. 저도 비디오 영화가 나올 때마다 상자가 수백~수천 개씩 필요했으니까, 앞으로 박스, 포장 사업이 돈이 되겠구나 판단했던 거죠."

마침 비디오 시장 대신에 DVD 플레이어 시장이 열리고, 인터넷에서도 영화 다운로드 서비스가 시작됐다. 비디오 시장이 사양길에 접어들었음을 직감한 그는 1993년도 미련 없이 창녕으로 내려와 계획했던 박스공장을 차렸다.

　기대와 희망을 품고 시작한 박스공장. 막상 현실로 접어드니 현장엔 많은 어려움이 잠복해 있었다. 일단 대구 인근에 박스공장이 너무 난립해 있었다. 당시 대구에 섬유산업이 호황기를 맞아 포장지 수요가 급증하면서 너도나도 박스, 포장 사업에 뛰어들었던 것이다.

　또 대구 인근 도시에 제지製紙 공장이 많이 들어서 원지原紙 공급이 수월하다는 지리적 이점도 박스공장 난립의 원인으로 작용했다.

　또 있었다. 당시엔 과일 포장, 운송용기로 나무상자가 쓰였는데 이 나무상자가 그 무렵 종이박스로 대체되기 시작한 것이다.

　제갈 대표는 "1990년대까지만 해도 대구 인근에 사과, 포도,

복숭아, 자두, 참외가 많이 출하돼 포장박스 수요가 갑자기 늘어났다"며 "그 무렵 비싸고, 무겁고, 부피도 많이 나가는 나무상자는 순식간에 종이박스로 대체됐다"고 회상했다.

●

어쨌든 1993년 시작했던 사업은 박스공장들의 난립 속에서도 당시 섬유산업의 호황과 달성공단의 수요에 힘입어 차츰 자리를 잡아갔다.

별 연고도 없는 지역에서 이렇게 터를 잡은 건 그의 타고난 성실성과 끈기 덕이었다. 100가지 물건이 100가지 포장에 담기듯 모든 물건은 부피에 맞는 박스를 필요로 한다. 여기에 물건에 따라 기능성이 추가되고, 디자인까지 입혀야 하기 때문에 이 사업은 여간 까다로운 게 아니다. 제갈 대표는 주문업체들의 까다롭고 번거로운 모든 요구를 들어주고, 제품에 그대로 반영해 주었다. 특히 결제 날짜와 납기일은 그의 모든 것을 걸고 지켜주었다.

"하루는 주문량 납기를 맞추느라 직원들과 꼬박 밤샘을 하고 겨우 트럭에 물건을 실어 주고 막 돌아서는데, 다시 다른 업체에서 2000장을 급히 납품해 달라고 연락이 온 거예요. 그 길로 돌아서 다시 24시간을 꼬박 기계에 매달려 주문량을 맞춰 냈어요. 2박 3일 동안 밤샘을 한 거죠."

●

몇 년 새 단골과 거래처를 늘리며 사업을 키워가고 있었지만 그에게도 위기는 어김없이 찾아왔다. 1997년 현대사의 비극인 IMF를 맞이한 것이다. 눈을 뜨면 옆 공장이 문을 닫는 상황 속에서 제갈 대표도 많은 돈을 떼였다.

자신과 가족, 직원들의 수고와 땀이 공수표로 계속 돌아오는 상황에서 당장 사업을 접어야 하나 수없이 고민을 했다.

'다들 힘든데, 도산해서 망한 기업도 있는데…' 하며 1년을 버티자, 다시 옛날의 거래선들이 돌아오며 사업이 다시 자리를 잡기 시작했다.

이렇게 5~6년간 평온한 일상이 찾아왔다. 다시 주문 전화가 울리고, 공장 마당에 트럭들이 부지런히 화물을 실어 날랐다.

그러나 신神은 업자들에게 잠깐만의 평화를 허용했을 뿐이었다. 2000년대 이후 다시 한번 먹구름이 밀려들었다. 이번에는 신新자유주의의 사조로 대표되는 대기업 위주 대량화, 대형화 흐름이었다. 슈퍼와 전통시장은 대형마트 앞에서 힘없이 무너졌고, 골목의 빵집들은 대기업 브랜드에 무릎을 꿇고 말았다. 이 무렵 박스업계에도 대규모 구조조정 바람이 불었다. 대기업들이 대량 설비, 자동화를 내세우며 시장의 물량들을 흡수해 버린 것이다.

●

쿠팡, 위메프, 11번가, G마켓 같은 대형 물량을 대기업들이 독점해 버린 상황에서 영세업자들은 큰 시장 진입은 엄두도 내지 못하고 골목상권에만 매달리는 신세가 되었다.

제갈 대표는 "이제 우리 같은 영세업자들은 대기업들이 단가가 맞지 않아서 외면하고 있는 다품종, 소량생산 분야만 기웃거리는 신세가 되었다"며 "말이 좋아 다품종, 소량생산이지 박스 업계에선 까다롭고, 돈 안 되고, 귀찮은 물건들이 모두 그쪽에 몰려있다고 보면 된다"고 말한다.

IMF와 신자유주의가 가져온 무한경쟁 바람은 기업들의 경영 의욕을 꺾어 놓고 있다. 며칠씩 철야작업을 하던, 옛날에 좋았던 시절은 더 이상 돌아오지 않을지도 모른다.

마침 코로나19와 함께 제조업이 침체되면서 기업 상황은 더 힘들어졌다. 그래도 지금 그를 지켜주는 건 그동안 쌓아온 주변 업계의 신용과 이웃들의 신뢰 덕이다.

제갈 대표는 30년 가까이 업체를 지켜왔지만 이제 당대當代에서 사업을 마무리할 계획이다. 자신들이 겪어온 고생과 고초를 대물림하고 싶지 않기 때문이다.

무엇보다 이제 종이박스, 포장지 하나만 생각하며 지내 온 생활에서 벗어나, 남은 생은 전혀 결이 다른 분야에서 살아보고 싶다는 것이 그의 소망이다.

"사업을 접으면 사업가로만 살아온 제 인생에 무언가 획기적인 변화를 주려고 합니다. 수천 년 동안 기록, 보존의 수단에 그쳤던 종이가 어느 순간 종이박스라는 산업용재로 탈바꿈했듯 말입니다."

인구통계조사로, 문화·생태해설사로… 하루를 쪼개 써요

김원자

1인 5역 '멀티 우먼'

누구에게나 하루는 24시간이다. 아마 신이 인간에게 준 절대적 평등 가치가 아닌가 한다.

무소불위 권력을 가졌던 진시황도, 세계 갑부 애플사의 스티브 잡스도 똑같이 24시간을 살았고 결국은 죽었다. 이런 존재의 유한성과 시간의 평등성에서 인간은 한 걸음도 벗어날 수 없다. 빈천과 부귀를 떠나 시간은 똑같이 흐르고, 같은 규칙을 적용받기 때문이다.

하루 24시간, 같은 시간이 주어졌지만 한계를 넘어 많은 업적을 이룬 위인들이 많다. 16세기 이탈리아 르네상스를 대표하는 레오나르도 다빈치는 화가이자 조각가, 발명가, 건축가, 의사, 해부학자, 지리학자, 음악가였다. 아프리카에서 의료봉사로 유명한 슈바이처도 의사, 오르가니스트, 철학자, 신학자, 목사로서 다양한 삶을 살았다.

물론 이들이 짧은 기간 동안 다양한 업적을 이룬 데에는 높은 지능과 재능 덕도 있을 것이다.

누구에게나 주어지는 24시간이지만 아무도 '시간의 양'을 조절할 수 없다. 그렇다면 시간을 늘리는 단 하나의 방법은 '밀도'를 높이는 것뿐이다. 한정된 시간에 집중도를 높인다면 시간의 유한성에서 어느 정도 자유로울 수 있다.

괜히 시간을 소재로 얘기를 꺼내다 보니 서두가 굉장히 엄숙하고 무거워졌다. 서두의 요지는 시간을 아껴서 각자의 삶에 충실

하고, 자기계발에 나서자는 덕담이었다.

이번에 소개할 화원읍 명곡리 김원자 씨는 효율적인 '시時테크'로 자기 계발에 나서고 이를 배경으로 지역 봉사에 앞장 선 인물이다.

정치, 경제, 사상 영역처럼 고차원, 형이상학적 차원은 아니지만, 실생활에서, 삶의 현장에서 자신의 재능을 살려 묵묵히 지역 발전을 위해 힘쓰고 있다. 인구통계조사요원으로, 문화유산해설사로, 생태해설사로, 주부로, 아내로 '밀도 있는 삶'을 살아가고 있는 김원자 씨 삶 속으로 들어가 보자.

●

고령군 성산면에서 나고 자란 김 씨가 화원으로 온 것은 1991년 건축 회사에 다니던 남편을 만나 신접살림을 차리면서부터였다.

화원읍 명곡리는 조선시대 화원현이 있던 곳으로 옛날부터 '현縣터 마을'로 불리던 곳이다. 당시 역驛, 역원驛院은 30리 간격을 두고 설치되었는데 화원은 대구 도심과 정확히 30리 길이다. 대구에서 건너온 공문서, 공물貢物, 관곡들은 화원을 거쳐 고령, 성주로 이어졌다고 한다.

당시 시댁은 화원에서 방앗간을 운영했을 정도로 살림 규모가 있는 집안이었다. 시댁 웃어른들은 일제강점기 때 공직에 있었는데, 이 일로 해방 후에 난처한 상황에 놓이기도 했다. 다행히 마을에 워낙 신망을 쌓은 덕에 화를 입지 않았다고 한다.

가업으로 이어오던 정미소는 1990년 중반 무렵 시아버지가 돌아가시면서 문을 닫았다. 자녀들이 공직으로, 기업체로 취업이 되어 객지로 나갔고, 당시에 이농 현상이 심화돼 정미소의 수지가 악화되었기 때문이다.

●

평범한 달성군민이었던 김 씨가 '군청 살림'에 발을 딛게 된 것은 1996년 인구주택총조사에 참여하면서부터였다.

당시 우연히 군청 공보를 보고 찾아갔던 김 씨는 "군청 살림에 기여한다는 자부심과 약간의 부수입이 들어온다는 기대감에 무척 설레었다"고 회상한다. 이후 그녀는 달성군 경제총조사, 농림어업총조사, 대구사회조사에 참여하며 달성군 통계조사의 현장에서 25년을 뛰어다녔다.

한 세대 가까이 달성군 지역의 세대, 공장과 농가 현장을 누비다 보니 달성군의 경제구조, 살림살이는 한 흐름으로 꿸 정도로 익숙하다.

"25년 전과 비교해 가장 두드러진 현상이 가정의 해체예요. 1990년대에는 10집을 돌면 한 집이 이혼가정이었는데, 지금은 4~5집만 가도 이혼가정과 만나게 돼요. 그만큼 가족의 위기가 심해지고 있다는 방증이죠."

달성군 산업구조의 변천 과정도 김 씨가 현장에서 느낀 뚜렷한 변화다. "옛날엔 섬유산업이나 가내수공업 형태가 주를 이루었지만 지금은 자동차부품, 첨단 반도체 쪽으로 넘어가면서 산업

체질 자체가 바뀌어 버렸다"는 것이다.

●

인구통계, 경제조사로 달성군 경제 현장을 뛰어다니던 김 씨는 2012년 문화유산해설사와 달성습지 생태해설사에 뛰어들며 활동 영역을 문화, 역사, 환경·생태 분야로 넓혀 가게 되었다.

특히 김 씨는 영남대에서 국사학을 전공한 역사학도였기 때문에 문화유산해설사와는 좋은 조합이 되었다.

김 씨의 문화유산 해설은 스토리텔링이 재밌고 깊이가 있기로 유명한데, 이는 그녀가 역사 유적과 정사正史와 야사를 모두 섭렵해 간결한 역사 서사로 풀어내기 때문이다.

예를 들어 구지면의 도동서원 해설을 준비할 때 한훤당寒暄堂 김굉필과 관련한 실록과 정사, 거기에 그의 생애 중요 사건이었던 무오사화까지 들여다본다. 서원과 그곳에 향사享祀된 인물과 조선시대 사화, 당쟁까지 한 흐름으로 풀어냄으로써 관광객들의 이해를 돕는 방식이다.

달성군에는 사문진나루터, 화원토성, 성산리고분군, 망우당 묘소, 이노정二老亭, 용연사, 육신사, 남평 문씨 세거지, 비슬산 대견사 등 고대와 근현대를 넘나드는 문화유산들이 널려 있다.

김 씨는 시간이 날 때마다 이들 유적지 현장을 답사한다. 정사 正史의 내용을 고증하고 현지 주민들의 구비전승을 종합해 스토리 구성을 완성하기 위해서다.

가장 늦게 딴 자격증 생태해설사도 김 씨의 활동 영역을 넓혀 주고 있다.

요즘 김 씨는 주로 달성습지에서 생태 해설에 열중하고 있다. 어쩌다 사문진나루터나 낙동강 유역으로 출장 해설을 나가면 그의 톤은 한층 밝아진다. 생태해설에 역사·문화 해설이 덧붙여져 재밌는 '다큐 해설'로 업그레이드되기 때문이다. 김 씨도 역사·문화유적과 생태·환경 유적을 곁들이는 문화·생태 해설에 가장 보람을 느낀다고 말한다.

●

김 씨는 현재 인구통계조사, 문화유산해설사, 생태해설사로 활동하고 있다. 특히 인구통계조사는 25년 넘게 진행하다 보니 화

원읍 일대 가구들의 밥그릇 수까지 알 정도에 이르렀다. 달성군에서도 각종 통계조사가 필요할 때마다 김 씨를 불러 조사요원들의 교육, 감독을 맡기고 있다.

10년 가까이 진행한 문화유산, 생태 해설도 많은 보람을 안겨주고 있다. 특히 김 씨의 깊이 있는 문화·생태 해설을 경험했던 사람들이 지인들을 소개해 줘 해설 요청이 늘고 있다.

이런 활발한 활동은 그동안 많은 수상과 표창으로 연결됐다. 통계청장상(2회), 대구시장상(2회)은 물론 각계 표창이 이어지며 그녀의 보람도 커지고 있다.

●

모든 사람에게 24시간이 주어진다. 극단적인 비관론자가 아니라면 우리 모두의 삶은 소중하고 아름답다. 대부분 개개인들은 직장인으로 또는 가족의 일원으로 열심히 살아간다.

김 씨에게도 역시 하루 24시간이 흐른다. 그녀는 시간의 유한성과 소중함을 알기에 시간을 쪼개고 분分으로 나눠 쓰고 있다. 통계조사원으로, 문화유산해설사로, 생태해설사로, 아내로, 엄마로….

무언가 김 씨의 학구열과 호기심을 자극할 대상이 나타나면 그녀의 시계는 또 '밀도' 있게 흐르게 될 것이다.

고향 옥포 동심 담은 동시가 초등학교 교과서에 실렸어요

우남희

동시작가

「별」(알퐁스 도데), 「소나기」(황순원), 「국화 옆에서」(서정주), 「승무」(박두진)의 공통점은? 바로 교과서에 실린 문학 작품들이라는 점이다.

이 작품들은 서정성과 문학성을 담보로 성장기 청소년들에게 풍부한 감성 세례를 퍼부어왔다.

필자도 학창시절 교과서를 받으면 골방으로 달려가 시, 수필, 소설을 찾아 읽던 기억이 새롭다.(이 과정에서 필자는 프랑스 뤼브론산의 양치기도 되어 보고, 윤 초시댁 증손녀를 짝사랑한 소년도 되어 보곤 했다.)

우리 달성군에도 교과서에 작품을 실어 소년들의 풋풋한 감성을 깨우고 있는 작가가 있다. 옥포읍의 우남희 작가를 만나 문학과 일상에 대해 얘기를 나눠 보았다.

●

우 작가의 고향은 달성군 옥포읍 신당리. 북쪽으로 낙동강이 길게 흐르고 남쪽으로 금계산이 우뚝 서있다.

사문진 나루터를 굽이쳐 지나온 낙동강은 고령에 이르기 전 넓은 평야를 펼쳐 놓는데 이곳이 바로 신당리다.

지금은 달성군청이 옮겨 오고 대규모 아파트 단지가 들어서 읍邑 단위 도회지가 되었지만 우 작가 어린 시절 신당리는 물새가 한가롭게 날고, 개구리 울음소리가 마을을 울리던 전형적인 농촌 마을이었다. 어릴 적 마을엔 새마을 운동 깃발이 휘날렸고 꼬마들도 손품을 모아 마을 청소, 꽃길 가꾸기에 나서던 시절이었다.

지금도 유년시절을 떠올리면 선녀지, 개울가에서 언니들과 빨래를 하고 멱을 감던 기억이 생생하다.(지금 그 도랑엔 수초가 우거져 더 이상 어린이들의 발길을 들이지 않아 지날 때마다 섭섭하다.)

●

옥포와 관련해 우 작가의 특별한 이력履歷 하나는 평생 한 번도 옥포를 떠나 본 적이 없다는 점이다. 금계초등학교, 경서중학교를 나와 대구에서 대학을 다니던 그녀는 같은 마을 동갑내기 친구를 만나 결혼을 했다. 시집도 신당리였고, 지금 살고 있는 곳도 옥포다.

한 마을에 오래 살다 보니 눈을 감으면 60년 마을의 변천 과정이 실루엣으로 펼쳐진다. 잘 닦인 도로, 아파트 숲이 되어 버린 동네가 이젠 익숙하게 다가오지만 한편으로 이 공간에서 반딧불이 잡기, 불놀이, 숨바꼭질 놀이를 하며 뛰어놀던 어린 시절이 오버랩되기도 한다.

●

우 작가 문학 인생, 작가 행보는 뜻밖에 단순했다. 보통 작가들이 일찍부터 재능을 나타내고 언론의 스포트라이트를 받는 일련의 과정이 그에게는 없었다.

자신에게 이렇다 할 문학적 재능이 있다고 생각하지 않았기에 작가나 등단에 대한 열망도 크지 않았다. 그녀에게 문학이란 무료한 일상에서 벗어나기 위한 작은 자극제 그 이상도 이하도 아니었다.

　향기를 보자기에 담아둘 수 없듯 그녀의 문학에 대한 재능은 어느 순간 기화氣化하게 되는데, 그 출발점은 지역에서 열린 한 백일장이었다.

　"우연한 기회에 아이들과 두류공원에 놀러갔다가 독서회를 알게 되었습니다. 문학강좌에 다니다가 얼마쯤 독서회원들과 백일장대회에 참가하게 되었어요. 운이 좋았는지 조그만 상을 하나 받았는데 사실 그 상이 저에겐 첫 문학상이었어요."

　한 번 상운賞運이 열리자 이내 나가는 백일장마다 상복이 터지기 시작했다. 이 무렵 근로백일장, 주부백일장, 바르게살기협회 백일장 등에서 연거푸 입상하며 필력을 키워나갔다.

●

　백일장 무대에서 더 이상 오를 곳이 없게 된 우 작가는 드디어 2004년 토지문학상에서 수필부문 대상을 받으며 문단에 정식 데 뷔했다. 이후 그녀는 문학저널에 「바람, 너였구나」를 실었고, 2011년《오늘의 동시 문학》여름 호에 「비상연락」, 「단추」를 발 표하며 신인상을 수상했다. 수필과 동시를 넘나들며 문학상을 섭렵하던 그녀는 드디어 2014년 작품 「봄의 길목에서」가 초등학 교 3학년 국어 교과서에 실리는 '역사적 사건' 과 만나게 된다.

●

봄의 길목에서

겨울 끝자락/ 봄의 길목// 가거라! 가거라!/ 안 된다! 안 된다!//봄바람이 겨울바람과 밀고 당기기를 합니다.// 그러는 사이 풀밭에 떨어진 노란 단 추// 민/ 들/ 레/ 꽃.

　동시 「봄의 길목에서」 교과서 게재는 우 작가를 단숨에 문단의 스타로 끌어올렸다.

　이 시는 계절의 순환 원리를 동심에 투영해 간결하게 풀어내고 있다. 옥신각신하던 두 바람은 결국 자연의 섭리에 따르게 되는 데, 그 타협 방식에 단추와 민들레꽃을 끌어들임으로써 묘한 시 각화와 극적 반전을 이끌어내고 있다.

　60여 자, 10행 남짓한 간결한 문장을 별 생각없이 읽어 가던 독 자들이 끝부분에서 죽비에 얻어맞은 듯 깨달음과 만나는 것이

이 시의 특징이다.

박방희 시인은 우 작가의 시 쓰기에 대해 "사물과 대상에서 시적 영감을 포착하는 솜씨가 뛰어나 가히 '찰나의 미학'이라고 할 만하다"며 "그녀가 툭 던지는 한마디는 단번에 대상의 본질을 꿰뚫는다"고 평가하고 있다.

김종헌 아동문학 평론가도 "우 작가는 자연에 대한 정서를 직접적으로 표현하지 않고 대상들을 날카롭게 은유하는 능력이 뛰어나다"며 "이 과정에서 시적詩的 대상에 대한 유희나 단순 묘사를 뛰어넘어 시적 포에지(정취, 감흥)를 풍부하게 만든다"고 말했다.

●

"저는 시골에서 태어나 지금도 태어난 그곳에서 자라고 있습니다. 주변에서 보았던 모든 것들이 동시로 태어난답니다."

우 작가가 책 속에서 밝힌 대로 그녀의 모든 문학적 토양은 고향에서 비롯된다. 그녀는 처음부터 등단작가나 전업작가를 목표로 하지 않았다. 그냥 삶 속에서 시를 생활화했고 삶 속에서 시작詩作을 실천하다 보니 어느새 큰 상도 받고 교과서에 작품이 실리는 영광까지 이르게 되었다고 말한다.

그녀는 자신의 시 쓰기에 대해 '나를 위해 드는 연금, 보험 같은 것'이라고 말한다.

"여유가 있을 때 연금을 부어 놓으면 노후가 편안하듯, 젊었을 때 독서, 사색, 글쓰기 훈련을 해놓으면 늙어서도 혼자 놀 수 있

잖아요. 지금 나의 지력智力, 문학에 대한 태도를 풍부하게 저장
해 놓았다가 늙어서 조금씩 빼 쓰고 싶어요."

●

지금까지 그녀는 『너라면 가만있겠니?』, 『봄비는 모른다』, 『살
구나무 편의점』(공동 시집) 등 세 권의 동시집을 펴냈다.

동시 외 수필, 동화도 그녀가 욕심을 부리는 장르다. 지금 벌여
놓은 일이 어느 정도 정리되면 이 영역에도 꼭 도전할 계획이다.

당장 발등의 불은 동시에서, 그의 시작詩作에서 기존의 틀을 깨
고 매너리즘에서 벗어나는 일이다.

"1집과 2집 사이 뚜렷한 경계가 없어요. 2집은 1집을 그냥 늘

여 놓은 느낌, 1집은 2집을 위한 디딤돌 그런 느낌이에요. 작가와 화가들은 그 시대의 사조와 경향傾向을 작품 속에 투영한다는데 전 이 작업에 소홀했어요. 다음 작업에서는 그간의 틀에서 벗어나 저만의 독특한 컬러를 맘껏 펼쳐 보이고 싶어요."

우 시인은 현재 한국 동시문학회, 대구아동문학회, 혜암 아동문학회 회원이고, 대구시 문화 관광해설사, 대구 골목문화해설사, 매일신문 '시니어 매일' 기자로 활동하고 있다.

"한국 최초 미술전문도서관 우록리에 세워 큰 보람"

허두환

우록 아트도서관장

'자연 속의 오브제'를 테마로 한 의정부 미술도서관이 2019년 11월 오픈했다. 4만여 권의 장서에 건축비만 250억 원이 넘게 들었다고 한다.

본관 내부는 1층에서 3층까지 원형계단을 통해 한 공간으로 '소통'을 테마로 한 건축물의 오브제를 잘 표현하고 있다.

'국내 최초 미술도서관', '도서관을 품은 미술관' 콘셉트로 알려지면서 전국의 문화예술인들을 의정부로 불러들이고 있다.

하지만 국내 최초 미술도서관이 대구에서 첫 테이프를 끊었다는 사실을 아는 사람은 드물다. 2014년 외국 전문서점을 운영하던 허두환 대표는 대구시 수성구 만촌동의 한 상가에 아트도서관을 개관했다. 국내 첫 타이틀은 의정부 미술도서관보다 5년 이상 앞서고, 장서도 3배 이상 많다.

국내 첫 미술도서관으로 자리를 잡아가던 아트도서관은 2020년 8월 도서관에서 화재가 발생해 큰 피해를 입었다. 불탄 장서만 2만여 권에, 피해액만 수십억 원에 이른다. 망연자실해 있던 허 관장에게 지역 미술계에서 온정과 격려가 쏟아졌다.

그 응원에 힘입어 허 대표는 2021년 4월 달성군 우록리에 아트도서관을 재개관했다. 개관 초기 손님맞이에 분주한 허 관장을 우록리에서 만났다.

●

대구에서 나고 자란 허두환 씨의 첫 직장은 외국 학술서적 수입·판매회사였다. 전문 원서시장의 가능성을 확인한 허 씨는 1989년 '아카데미서적 센터'를 설립하며 개인사업자의 길로 들어섰다. 외국서적을 수입해서 대학, 연구소에 납품하는 일이었는데 제법 사업이 잘 풀렸다.

외국 원서를 통해 예술 관련 자료정리를 하던 그는 미술작품들을 대하면서 전문 서적에 빠져들었다. 카테고리category가 분명한 여타 서적과 달리 미술은 출처와 분류부터가 불분명하다. 애초에 미술을 분석·분류한다는 것 자체가 모순일지도 모른다. 그는 일반 미술서적부터 국립중앙도서관에서도 찾기 힘든 희귀책까지 손에 넣으면서 '이렇게 귀한 것을 누군가 모으지 않으면 안 된다'는 사명감과 소명의식을 가지게 되었다.

"개인이 이런 전문도서관을 운영한다면 얼마나 많은 돈이 들겠어요. 그간 책을 모으는 데 드는 시간과 노력, 그리고 '미친 짓'이라고 놀려 대는 남들의 시선을 극복하고 나의 신념을 유지하는 데는 많은 어려움이 따랐습니다."

이러한 힘든 현실 속에서도 아트도서관이 바로설 수 있었던 것은 이곳이 영혼을 채우는 쉼터이자 힐링 공간으로 자리 잡을 수 있다는 확신 때문이었다.

●

미술전문도서관을 건립하기로 결심한 허 대표는 본격 미술 서적 수집에 나섰다. 당시 이미 수천 권의 서적을 확보하고 있었지만 일단 외형을 키우는 게 급선무였기 때문이다.

기왕 일을 시작했으니 일을 크게 벌이기로 했다. 전국 외국서적거래소에 '미술 서적을 사 모은다'고 소문을 냈다.

2012년 서울의 한 서점에서 전화 한 통이 걸려왔다. 인사동에 있는 '미술자료공사'라는 서점이었다. 3만여 권의 국내미술서적을 인수하라는 말에 그 자리에서 2.4톤 트럭 11대를 불렀다. 운반비만 500만 원이 들었다. 그날 대구 만촌동 아트도서관 앞 도로에는 트럭이 줄지어 책들을 하역하는 진풍경이 연출됐다. 누군가에게는 쓸모없는 쓰레기에 불과한 책들을 분류하며 허 대표는 설렘과 행복에 젖어 밤을 새웠다고 한다.

●

2014년 허 대표의 20년 숙원이었던 미술전문도서관이 수성구 만촌동에 개원했다. 허 관장은 '아트도서관'으로 명명命名하고 대구에서 본격 미술전문도서관 시대를 열었다.

당시 500㎡ 공간에는 미술서적 10만여 권과 순수 미술, 디자인, 조각, 고미술 등 장르를 망라한 각종 예술품들이 빼곡히 자리를 잡았다. 개인이 이렇게 많은 미술 서적을 보유하는 것은 국내에서도 유일하고 세계에서도 사례를 찾기가 쉽지 않다고 한다.

허 관장 컬렉션의 특징 중 하나는 수많은 희귀본과 한정판. 몇몇 서적들은 국내는 물론 해외에서도 귀한 대접을 받고 있는 책들이다.

영국왕실의 보관품인 『레오나르도 다빈치 소묘집』은 1985년 일본에서 300부 한정판으로 출판된 책으로, 판매가격만도 128만 엔을 호가한다. 시대를 거슬러 거장의 숨결을 느낄 수 있어 소장만으로도 가치 있는 도서다. 삽화가 들어간 성경책으로 유명한 『HOLY BIBLE』한정판은 현재 시가만 2,000만 원으로 지금도 경매장에 나오기 무섭게 팔려나가고 있다.

가로 1m 세로 70cm 크기의 2,000부 한정판 『모던아트』도 그가 아끼는 도서다. 앤디 워홀 등 19세기 유명 작가 360명의 작품이 수록된 대형 화보로 원작 크기에 가깝게 제작되었다. 생생한 터치와 질감을 느낄 수 있어 미술학도들이 열광하는 책이다.

●

한국 최고 미술전문도서관을 향해 나아가던 아트도서관은 뜻하지 않은 사고를 당하며 시련을 맞았다. 2020년 8월 도서관에서 전기 누전으로 화재가 발생해 수만 권의 책이 불에 탔던 것이다.

도서관이 지하에 있었던 터라 화재진압이 쉽지 않았고 책과 작품들이 오래 화기火氣에 노출돼 녹아내리거나 그을려 훼손이 컸다. 또 진화과정에서 도서관에 물이 차 도서들의 훼손이 더 컸다.

당시 피해 규모는 1톤 트럭으로 10대 분. 트럭 한 대당 2,000권씩 실어 날랐어도 2만 권이다. 구입할 때 10만~20만 원씩 줬던 책들이 상당수라서 대략 피해액은 10억~20억 원대로 추정하고 있다.

●

가스가 가득 찬 지하 도서관에서 책 한 권, 미술품 한점이라도 더 건지려 밤을 새우던 허 관장은 불탄 책보다도 미술도서관을 향한 자신의 꿈이 불타버린 것에 더 좌절했다.

화마와 함께 날아가는 듯했던 허 대표의 미술전문도서관의 꿈은 뜻밖의 사건을 계기로 다시 회생할 수 있게 되었다.

"한 지인이 우록에 가면 고시원 건물이 하나 있는데 조금만 손보면 도서관, 갤러리로 적격이라고 소개를 해 주었어요. 한달음에 달려와 보니 정말 딱 제가 찾던 바로 그런 공간이었어요. 우미산 자락, 숲속 길가 옆에서 건물 하나가 저를 맞아 주는데, 이정도면 아트도서관 꿈을 다시 이어갈 수 있겠다고 판단했습니다."

물론 아트도서관이 우록에 정착하는데 적지 않은 경비가 들었다. 빌딩 매입비만 9억 원, 리모델링비로 6억 원이 들었다. 솔직히 이 건물의 절반은 은행 소유다.

다행히 주위에서 뜻 있는 분들이 내 일처럼 나서 주어서 일이

순탄하게 풀렸다. 대구미술협회 이점찬 회장은 소실된 자료를
채우기 위한 '자료 기증 운동'을 벌여 주었고, 대구현대미술가
협회 이우석 회장도 달성군 소속 작가들과 컬래버를 주선해 주
었다. 도서관 어려운 사정을 전해들은 지역의 많은 미술 애호가
들이 작품 구매에 나서 재정적으로 큰 도움이 됐다.

●

허 관장은 우록으로의 이전이 전화위복이 되었다고 말한다. 도
심에 있던 아트도서관이 교외로 나오면서 유휴공간이 넓어져 다
양한 문화사업을 펼칠 수 있게 되었기 때문이다.
우록에 다양한 분야의 문화예술인들이 활동하고 있다는 점도
허 관장에게 큰 위안이 되고 있다. 이들은 우록에서의 문화예술

공간 개관을 함께 기뻐하고 전시회 등 사업에 적극적으로 협조해 주고 있다.

2021년 8월에 일사一思 석용진 화백·서예가가 현대문인화전을 연 데 이어, 9월에는 지역 원로화가 박중식 화백이 서양화 초대전을 열었다. 연말엔 박중식, 김명숙, 이승우 화가의 3인전도 예정돼 있다. 대구 문화재단에서 운영하는 가창창작스튜디오의 입주 작가들도 역량이 쌓이면 전시기회를 마련해 줄 계획이다.

●

뜻밖의 사고로 인해 꺾였던 허 대표의 미술전문도서관 사업은 달성군 우록에서 다시 꽃필 수 있게 되었다.

"우록은 대구 도심에서 30분이면 닿을 수 있는 지근거리 문화공간입니다. 도심에서 각종 업무 스트레스, 일상생활에 쫓기는 대구시민들이 부담 없이 올 수 있는 거리죠. 각박한 현대인들이 언제든지 달려와서 차를 마시고, 예술품을 감상하고, 자연을 함께 즐기는 힐링 명소 역할을 할 수 있게 되길 기원합니다."

운명처럼 서예 만나 각종 서예대전서 30회 이상 입상

청향淸香 지영미

서예가

인류가 이룬 위대한 업적 중 하나가 문자의 발명이다. 구성원, 집단 간의 의사소통이나 기록·보관의 수단인 문자의 발명 이후 인류는 문명의 시대로 접어들 수 있었다.

이런 의미에서 문자는 인류의 실생활을 좌우하는 가장 실용적인 수단인 셈이다. 이 실용 수단인 문자에 예술을 입히는 장르가 있다. 바로 서예다.

서예의 사전적 의미는 '종이와 먹, 붓을 이용해 미적美的 아름다움을 표현하는 행위'다. 굳이 장르를 따지자면 시각예술에 포함된다.

예부터 인물을 고르던 기준으로 신언서판身言書判이 있었고, 사대부의 교양과 품격을 나타내는 데도 글씨와 문장을 기준으로 삼았다.

한자 문화권인 중국, 대만, 일본, 베트남에서도 글쓰기가 발달했는데 같은 행위를 놓고도 중국·베트남은 서법書法, 일본은 서도書道라고 불렀다.

중국 서법은 기능과 규칙을 따지고, 일본 서도는 기능 위에 정신작용을 보탰지만 글쓰기를 예술의 경지書藝로 끌어올려 예우한 건 한국이었다.

이번에 소개할 인물은 달성군에서 20년 넘게 서예에 몰두해 온 여류 서예가다. 일찍이 운명처럼 서예를 받아들였지만 그 과정은 외롭고 고통스러웠다. 그러나 작가는 그 신산辛酸스러움을 넘어 마침내 초대작가 2관왕이 되었다. 청향淸香 지영미 작가의 서예 인생 속으로 들어가 보자.

●

지영미 작가와 서예와의 첫 만남은 자녀의 초등학교 시절로 돌아간다. 어렸을 때부터 글씨 쓰는 것을 좋아하고 한글에도 많은 관심이 있었던 그녀는 눈앞의 생활에 매몰돼 서예를 잊고 지냈다.

아이의 초등학교 시절, 작가는 학부모들의 솜씨자랑에 붓펜 글씨를 제출했는데 이 일은 그녀를 서예가의 길로 이끈 '운명적인 사건'이 됐다.

"엄마들, 교사들이 '어느 작가가 써준 거냐' '서실書室에서 사온 건 아니냐'고 농담을 하는데 이런 의심(?)이 너무 기분이 좋았어요. 그만큼 제 작품의 완성도가 높았다는 방증이었으니까요."

그날로 관련 문화강좌를 찾아 나섰다. 마침 지역의 한 복지관에 서예강좌가 개설돼 바로 등록을 마쳤다. 자연인이자 주부였던 그녀가 '서예가 지영미'로 첫발을 내딛는 순간이었다.

이후 서실과 인연을 맺으며 화촌華邨 문영렬 선생의 제자인 가운佳云 손영배 선생에게 사사師事를 받게 되었다.

●

그녀는 처음 붓을 잡았을 때의 설렘과 느낌을 아직도 생생히 기억하고 있다. 예전엔 취미로 글을 썼지만 이젠 글쓰기를 업業

으로 받아들였기 때문에 마음가짐도 달랐다.

"이젠 내 길에 접어들었구나, 이제부터는 흔들리지 않고 이 길을 가겠다고 결심했어요. 혹시나 명성이나 유혹에 이끌려 초심이 흔들릴까 봐 상償에도 연연하지 않기로 했습니다."

취미로 시작한 서예였지만, 서예가 주는 고유의 매력들을 느끼기 시작하면서 점점 그 속으로 빠져들었다.

어느 정도 내공內功이 쌓이자 이젠 실력을 검증받고 싶은 욕심이 들었다. 서실에서도 '이제 대전에 작품을 출품해 보라'고 제언해 주었다.

본격적으로 서예를 시작한 지 1년 만에 청향은 2015년 영남미술대전에서 한글부문 '특선'을 받았다. 첫 출품에서 입선도 아닌 특선을 받았으니 주위에서도 놀라고 서실에서도 축하를 아끼지 않았다.

큰 상을 받은 작가는 이내 마음을 바로잡았다. 상으로 인해 교만해지거나 평정심을 잃을까 경계했기 때문이다.

"대구문화예술회관에서 수상작 전시회를 하는데 제 작품이 너무 초라해 보이는 거예요. 작품 앞에서 관람객들에게 설명을 해야 하는데 작품 앞에 서기가 너무 부끄러웠습니다."

엄격한 심사를 거친 글씨가 졸작일리는 없지만 부족한 점, 못난 점만 크게 보이는 것이 작가들의 공통된 심리이자 경험이라고 한다. 이 과정을 통해 작가들은 결점을 보완하고 그 과정을 통해 한 걸음씩 진전을 이루는 것이다.

●

작가는 영남미술대전 입상을 시작으로 4년 만에 초대작가가되었다. 초대작가 타이틀은 한 '대전'에서 7~10년 정도 연속 입상을 해야 주어지는 자격이다. 입상이라는 까다로운 관문을 통과하는 것도 어렵지만 10년 가까이 붓을 놓지 않아야 하기 때문에 실력과 인내심을 갖춘 사람에게만 주어지는 영예다.

영남미술대전 초대작가회는 현재 한글, 한문, 민화, 사진, 한지공예, 서양화, 도자기, 불화, 서각 등 다방면의 작가들로 구성되어 있다. 해마다 전시회를 열어 각자의 재능을 보여주고 있고, 곧 해외 전시회도 준비하고 있다.

딸이 추천해 준 아호 '정향淸香'은 '맑은 향기' 즉, 선한 영향력을 주는 사람이라는 뜻인데 부를수록 정감이 가 스스로 만족

하고 있다.

●

올해 작가에게 또 하나의 희소식이 날아들었다. 영남미술대전에 이어 영남서예대전에서도 초대작가에 선정된 것이다. 한 대전 초대작가도 힘든데 2관왕이 됨으로써 작가의 어깨가 더 무거워졌다. 하지만 앞으로 오르고 넘어야 할 산들이 남아있기에 오늘도 그녀는 서실로 향한다.

서예를 시작한 이후 작가에게 많은 변화가 찾아왔다. 누구의 생도 마찬가지지만 그녀 역시 삶에 많은 굴곡이 있었다. 이런 위기마다, 고비마다 그녀를 일으켜 세워 준 건 바로 글쓰기였다.

"잡념이 가득 차 있다가도 붓만 잡으면 모든 신경과 정신이 붓끝으로만 모아져요. 일점일획이라도 비뚤어지면 한나절 작업한 두루마리 하나가 날아가 버리니까 집중을 할 수밖에 없어요."

'중년 여성의 감기'라는 갱년기의 우울도, 변화가 심했던 신체 증상도 글을 쓰며 잊고 지냈다.

서실에서 만난 문우文友들과 함께 교제하고 작품에 대해 담소를 나누는 것도 더 없는 위안이 되었다. 각자의 서법에 대해 대화를 나누다 보면 서로의 장점들과 덕목들을 칭찬하고, 부족한 점을 서로 일깨울 수 있어 더없이 좋은 자리가 되기 때문이다.

또 최근엔 캘리그라피 1급 자격증까지 취득하여 글쓰기의 외연을 넓히고 있다.

●

　작가와 달성군과의 인연이 닿은 것은 결혼 후 약 10년이 지났을 무렵이었다. 어느 날 인생에서 큰 위기를 맞았고 도망치듯 1999년 화원으로 이사를 오게 되었다. 아무런 마음의 여유가 없었던 그녀는 이곳에서 마음을 내려놓고 비로소 안주할 수 있었다.

　올해로 23년, 이곳에서 그녀는 더없이 소중한 벗들을 만났고, 서예, 한글작가로도 성공적으로 데뷔했다.

　"화원은 이름처럼 저에게 따뜻한 삶의 우산이고, 제2의 고향과도 같은 곳이에요, 달성으로의 이주는 내 인생에서 가장 탁월한

선택이 아니었나 싶어요. 앞으로 제 인생의 황금기를 열어준 달
성군을 위해 서예에 관련된 봉사를 펼치고 싶어요."

◆청향淸香 지영미 작가 프로필
　▶2015년: 영남서예대전 입선, 영남미술대전 특선 ▶2016
년: 영남서예대전 입선, 영남미술대전 특선, 대구미술/공예/
서예 문인화 대전 입선, 삼봉서화대전 특선 ▶2017년: 영남
서예대전 삼체부 특선, 영남미술대전 삼체부 우수상, 대구미
술/공예/서예 문인화 대전 입선 ▶2018년: 영남서예대전 입
선, 영남미술대전 장려상, 대구미술/공예/서예 문인화 대전
입선 ▶2019년: 영남서예대전 삼체부 특선, 대구미술/공예/
서예 문인화 대전 입선, 삼봉서화대전 삼체상, 성주역사인물
선양휘호대회 입선, 영남미술대전 초대작가 등단, 영남미술
대전 초대작가 출품, 영초회(영남미술대전 초대작가회)가입,
영초회 2회 작품전 ▶2020년: 영남서예대전 입선, 대구미술/
공예/서예 문인화 대전 입선, 삼봉서화대전 삼체상, 영남미
술대전 초대작가 출품, 영초회 3회 작품전 ▶2021년: 영남서
예대전 삼체부 특선, 대구시서예대전 입선, 죽농서화대전,
대구미술/공예/서예 문인화 대전 입선, 삼봉서화대전 삼체
상, 영초회 4회 작품전, 영남미술대전 초대작가 출품, 캘리그
라피 전시회

문양에 칼국수집 열고 홀몸 어르신들에게 10년째 국수 대접

정치택

문양리 다사랑칼국수 대표

　　　　　　　　　　'낙동강 물빛이 곱고 양지陽地바른 곳' 이라는 뜻의 '문양汝陽'은 지명 자체로 포근한 느낌을 준다.

　대구 서부지역의 오지쯤으로 생각하기 쉽지만 사실 이 다사多斯는 삼국시대에 큰 정치세력이 자리를 잡았던 곳이다.

　5~6세기 무렵 대구의 주류세력은 달성토성에 근거한 달구벌국이었는데, 당시 달구벌국은 경주 세력과의 주도권 다툼에 밀려 신라의 위성국가로 존재하고 있었다.

　당시 신라는 한반도 남부, 낙동강 패권을 놓고 고령의 대가야와 팽팽히 맞서고 있었고, 다사는 신라의 대가야 서부 전선으로 요충지 역할을 하고 있었다.

　2005년 영남문화재연구원의 문산리고분군 발굴조사에 의하면 이들 고분군에서는 '출山 자'형 관과 갑옷, 백화수피제관, 관모冠帽, 은제고관식, 은제허리띠 등이 출토되었다. 피장지기 왕王급은 아니지만 상당한 위세와 세력을 갖춘 수장首長급이었음을 알 수 있다.

　청림문화유산연구소 박승규 소장은 "다사의 정치세력은 신라의 영향하였지만 대구의 서단西端에서 상당한 세력을 형성했다"며 "이 세력의 가장 큰 존재 이유는 대가야의 성장에 따른 국방상의 방어 임무였다"고 진단하고 있다.

　지금은 유람선이 한가롭게 떠다니는 죽곡산성, 문산리산성, 성산리토성(화원유원지) 주변은 삼국시대 대가야의 수병水兵과 신라 다사세력의 초병들이 날카롭게 대립하던 공간이었다.

신라와 가야가 대립하던 시기 다사는 군사적 긴장감이 넘치는 곳이었지만 삼국통일 이후 군 기지, 토성들이 철수되며 한적한 시골마을로 다시 돌아왔다.

이번에 소개할 정치택 다사랑칼국수 대표는 '물빛 곱고 양지 바른' 문양을 닮은 사람이다. 문양에서 모태母胎에 들어 동곡에 서 자란 후 다시 고향으로 회귀한 '문양리 까마귀'다.

봉사·자선이다, 기부다 크게 내세우지는 않지만 집으로 찾아 오는 홀몸 어르신들에게 따뜻한 차 한 잔, 국수 한 그릇 대접하 며 10년 넘게 말벗이 돼주고 있다.

문양에서 다사랑 식당을 열고 많은(多) 사랑을 실천하고 있는 정치택 대표를 만나보았다.

●

문양리의 역사는 임진왜란 때로 거슬러 올라간다. 의병장 곽재 우 장군의 휘하였던 정상구鄭尚耈는 왜란이 끝난 후 문양에 세거 世居하게 되는데 동래 정鄭씨 집성촌이 이때부터 형성되었다고 한다.

문양이 고향인 정 대표는 어릴 적 이웃 마을인 동곡으로 이사 를 가 거기서 초·중학교를 졸업했다. 큰집과 친척, 재실이 있던 문양은 정 대표에게 모태와 같은 곳이었다. 방학이나 명절 때면 하루 종일 산으로 들로 다니며 뛰어놀던 기억이 새롭다. 지금도

낙동강에서 하루 종일 자맥질 하며 물고기를 잡고, 마천산에서 밤, 도토리를 따던 추억이 생생하다.

대학을 졸업한 정 대표는 매형의 권유로 아파트 건설현장 유리, 창호, 새시 공사에 뛰어들었다. 주로 부산, 울산 아파트 현장에서 하청 공사를 벌였는데 사업이 잘 풀렸다.

5년 넘게 현장에서 책임자로 일하면서 돈도 모았고 좋은 신부를 만나 결혼까지 했다. 자녀들이 생기면서 더 이상 객지 생활이 곤란해지자 정 대표는 문양리에 새시 공장을 차리고 독립했다.

정 대표가 열심히 공사 현장을 뛰어다니면 부인은 가게를 지켰다. 그런데 사업을 시작한 지 얼마 안 돼 부부의 눈에 낯선 풍경들이 나타나기 시작했다.

"많은 어르신들이 별일 없이 가게 앞을 서성이는 거예요. 대구에서 무료 지하철을 타고 종점까지 오신 분들이 마을 길을 배회하셨던 거죠. 측은하게 여긴 집사람이 어르신들을 불러 차를 대접하고 국수를 함께 끓여 먹었어요."

●

지하철 2호선 종점 문양역은 대구 시내 어르신들에게 쉼터이자 놀이터였다. 역 광장에는 매일 각설이, 품바타령과 노래방 공연이 벌어지고 길가엔 항상 노점들이 섰다.

코로나 이전에 문양역은 어르신들의 '작은 해방구'였다. 역사 내 광장에서는 수시로 노래방, 색소폰 연주회가 열렸다. 매주 어르신들이 수백 명씩 모여 색소폰 연주에 맞춰 노래를 부르며 시름을 달래는 모습은 무엇이 노인들을 위한 진정한 문화, 복지정책인가에 대한 해답이었다.

부부가 새시 공장을 열었던 초기에는 이런 문화행사가 활성화되지 않았을 때였다. 당시엔 노점 몇 곳과 국밥집, 분식집 한두 곳이 노인들의 시장기를 달래주고 있었는데, 용돈이 풍족했던 어르신들은 식당이나 노점에서 식사를 하고 로컬푸드점에 들러 시장도 보곤 했다.

문제는 용돈이 궁했던 어르신들이었다. 이분들은 도시철도 무료승차로 문양까지 오긴 하지만, 돈이 없으니 친구들과 어울리지 못하고 마을을 배회하게 된 것이다.

이런 어르신들이 눈에 띄면 부부는 가게로 모시고 들어가 음식을 나누고 말벗이 되어 주었다.

"며느리와 함께 사는 할아버지가 있었는데 자녀들이 출근하고 나면 며느리와 한집에 있는 것이 불편해 매일 문양으로 오셨어요. 없는 살림에 용돈도 넉넉지 않으니까 점심은 거르고 그냥 마을을 돌아다녔던 거죠. 집사람은 어차피 하는 점심, 국수 조금 더 넣고 육수 넉넉하게 부어서 어르신들과 점심을 함께 나누었다고 해요."

매일 오시는 분들이 혹시 미안해할까 봐 '친정에서 국수공장을 한다, 조금도 불편해 하지 말라'며 먼저 안심을 시켜드렸다.

●

어르신들과 차를 나누고 음식을 나누는 사이 문양역 주변에 많은 변화들이 생기기 시작했다. 우선 문양리 뒷산 마천산이 대구 시민들 사이에 힐링코스로 소문이 나면서 등산객들이 급증했다.

또 역 주변에 메기 매운탕 식당들이 들어서고 매운탕이 '대구 10미味', '지역특화 음식'으로 지정되며 시민들이 몰려들기 시작했다. '관광지·맛집으로서의 문양' 가능성을 확인한 정 대표는 아예 본업인 새시 공장을 접고 식당 경영에 나서기로 했다. 새시 공장 터를 넉넉하게 확보한 덕에 식당은 잔디정원과 야외 테이블, 큰 홀 등 공간을 확보할 수 있었다.

다행히 부부의 예상은 적중했다. 마천산에 올랐던 등산객들이 하산길에 몰려들기 시작했다. 주말이면 줄이 서고 대기 손님이 밀릴 정도로 장사가 잘됐다. 나중엔 단골들이 생기면서 정 대표

는 주말마다 단골들을 태우러 문양역을 수도 없이 오갔다.

손님들이 늘면서 부부는 '가격을 올려 볼까' 하는 유혹에 솔깃한 적도 있지만 이제껏 초심을 잃지 않고 있다.

"아직까지 칼국수값은 4,000원입니다. 막걸리도 2,000원만 받아요. 근방에서는 이미 5~6,000원을 받고 있지만 집사람이 가격을 못 올리게 해요. 옛날 어르신들의 '얇은 지갑'을 지켜보았던 기억 때문이죠. 지금도 그때 어르신들이 오면 따로 테이블로 불러 국수를 말아 드리고 있습니다."

●

어르신들, 불우 이웃들과 따뜻한 음식을 나누는 일 외 정 대표는 2014년부터 달성군 생활체육협회에서 '걷기협회' 회장을 맡

왔다. 다른 종목과 달리 걷기협회는 조직화가 어려워 협회 출범이 난항을 겪고 있었는데, 정 대표가 투입되면서 달성군 생체협에 본격 이름을 올릴 수 있게 되었다.

정 대표가 회장에 취임한 후 매년 3~4회 낙동강 변에서 걷기 행사를 벌였다. 행사가 활성화되었던 2015년에는 '가족 사랑 별빛 걷기대회' 때 2천여 명이 모여 성황을 이루기도 했다.

"초가을에 풀벌레 소리 들으며 낙동강 변을 걷는 시민들의 환한 미소를 보고 '걷기 운동'을 시작하기를 잘했다는 생각이 들었습니다. 축제 이후 강창교-강정보 디아크-영벽정을 돌아오는 달성군 걷기대회는 시민들의 힐링 축제로 자리를 잡게 되었습니다."

●

2016년에 걷기협회장에서 '시민'으로 돌아온 정 대표는 요즘 식당 운영에 전념하고 있다.

하루 쓸 반죽을 밀고, 면을 뽑는 것도 그의 일과요, 칼국수에 들어갈 해물을 매천시장까지 가서 사오는 것도 그의 임무다. 식당에서 쓰는 모든 야채는 텃밭에서 재배해 조달하고 있다.

'건강한 먹거리를 위해 최선을 다한다'는 원칙을 오늘도 굳건히 지켜나가고 있다는 정 대표. 그가 포기할 수 없는 원칙은 또 있다. 배고픈 이웃들을 돌아보고, 외로운 어르신들을 살피는 일이다. 일상에서 실천할 수 있는 일을 찾아 선행을 펼치는 정 대표의 모습이 '물빛 곱고 볕이 따뜻한' 마을 이름을 닮았다.

비슬산은 내게 어머니 같은 산… 노후도 비슬산 자락에서

김종백

비슬산 지킴이

'산 이름에 비파琵와 거문고瑟를 품었으니 비슬산은 운율이 있는 산'.

몇 해 전 한 시인은 비슬산은 이렇게 평했다. 산세가 '신선이 거문고를 타는 모습을 닮았다'고 해서 이런 멋진 이름을 얻었다고 한다.

비슬산은 이름만 운치 있는 것이 아니라 그 기운과 지세地勢에서도 명성이 높다. 산에 깃든 대견사는 해발 1000m 이상에 자리잡아 옛날부터 '하늘과 맞닿은 절'로 불렸다. 절터의 기운이 좋아 일찍부터 '북봉정 남대견北鳳頂 南大見'으로 불렸다. 여기서 기도를 하면 '크게 보고, 크게 느끼고, 크게 깨우친다'하여 수행자들은 이곳을 최고의 기도처로 꼽았다고 한다.

이번에 소개할 '비슬산 지킴이' 김종백 씨는 유년시절부터 비슬산에 빠져 비슬산에서 청춘을 보냈다. 이제 곧 정년을 맞아 비슬산 자락에서 노후를 준비하고 있다. 김종백 씨를 만나 그의 비슬산 스토리에 대해 들어보았다.

●

김종백 씨가 태어난 곳은 현풍읍 대리. 이 마을은 지리적으로는 김굉필의 자취가 서려 있는 대니산戴尼山 밑자락이고, 역사적으로는 '십이정려각'으로 유명한 현풍 곽씨의 집성촌이다.

베이비부머 세대인 그의 유년시절은 보통의 50~60대들이 살아온 삶과 다르지 않다. 식구들은 많고, 식량과 물자는 부족했지만 끈끈한 정이 가족을 묶어 주었던 그런 시절이었다.

동쪽으로 낙동강, 서쪽으로 차천車川을 끼고 있던 현풍읍 대리는 산과 강이 잘 발달한 지역이었다.

어릴 적 김종백 씨에게 강은 놀이터이자 단백질 공급처였다. 여름이면 온종일 자맥질로 하루를 보냈고, 밤이면 친구들과 천렵으로 매운탕 파티를 벌이곤 했다.

"고기는 명절이나 어르신 생신 때나 겨우 먹을 수 있었죠. 한참 자랄 때 몸속에서는 단백질이 부족해 피부가 푸석푸석해지는데 물고기라도 실컷 잡아먹으면 적당히 영양보충이 되었던 것 같아요."

천렵으로도 해결하지 못했던 단백질 기근은 '서리'로 보충하기도 했다. 참외, 수박, 복숭아를 몰래 따다 먹는 건 예사고, 당시엔 집에서 키우던 닭이며 토끼를 몰래 가져다(?) 먹곤 했다.

지금으로 치면 '절도 현행범'으로 몰릴 범죄였지만 당시는 그냥 넘기거나 어쩌다 들켜도 '현물 배상'으로 마무리되곤 했다.

지금은 '독극물 사범'으로 몰릴 위험한 일도 당시엔 대수롭지 않게 여겨지곤 했다. 콩에 싸이나(청산가리)를 묻혀 꿩이나 비둘기를 잡곤 했는데, 약이 묻은 콩을 먹은 꿩이 현장에서 즉사하면 가져다 구워 먹었다. 지금 위생관념으로 '독극물에 중독된 꿩을 어떻게?' 하고 생각하겠지만 그땐 이런 일들은 대수롭지 않게 여겨졌고, 또 실제로 별일도 일어나지 않았다.

●

시골에서 자란 김종백 씨에게 산은 일상이자 놀이터였다. 산은 봄·여름엔 산나물을 풍성히 내주고 가을 산의 밤·감·야생 배는 악동들의 간식거리였다.

겨울철 산은 마을 청년들에게 훌륭한 사냥터였다. 솜씨 좋은 악동 몇 명만 모이면 꿩, 산비둘기, 토끼를 어렵지 않게 잡을 수 있었다.

놀이, 유희의 공간이었던 산이 그에게 레저, 운동으로 다가온 것은 고교시절이었다. 집안의 형들이 당시 텐트, 버너, 자일을 메고 등산을 즐겼는데 형들을 따라 나서며 조금씩 산에 대해 알게 되었다.

"그냥 야영, 등산만 하는 수준을 조금 넘어선 마니아급 하이킹을 즐겼어요. 당시 형들을 따라 지리산, 설악산 공룡능선, 서북능선을 몇 번씩 타고 넘었습니다. 당시는 장비가 개량화되기 전이라 완전 무장을 하면 보통 15~20kg을 넘기기 일쑤였습니다. 지금 같으면 엄두도 못 낼 무게지만 당시는 혈기 하나로 전국 산을 누볐던 것 같습니다."

산은 그에게 건강과 정직 같은 미덕과 함께 '반려자'를 선물로 주었다. 1990년 초반 울릉도 성인봉 등산 길에서 한 여인을 만났다.

'산사람은 볼 것도, 잴 것도 없다'는 속어도 있었지만 적극적인 성격과 건강한 미소에 반해 바로 프로포즈를 하고 교제를 시

작했다. 그렇게 만난 부인은 집에서는 동반자로, 산에서는 산우
山友로 인연을 30년 가까이 이어가고 있다.

●

  스포츠 마니아들은 자체로 운동을 즐기기도 하지만 어느 단계
가 넘어서면 기록과 타이틀에 집착하는 경향을 보인다. MTB 마
니아들이 자신의 주행기록을 정리하고, 마라토너 동호회원들이
완주 메달을 수집하는 형태가 그런 것들이다.

  등산마니아들도 그런 '집착'에 빠져드는 경향이 강하다. 대표
적인 것이 전국 명산순례다. 적계는 전국 50대 명산 같은 타이틀
이 목표지만 보통 100대 명산은 완등해야 마니아급으로 인정해
준다. 물론 여기서 더 나가 200대 명산, 300대 명산으로 기록을

확장해 나가는 사람도 많다.

김종백 씨에게 첫 번째 목표는 '100대 명산 완등'으로 나타났다. 마침 한 아웃도어업체가 '전국 100대 명산 캠페인'을 시작하면서 일말의 망설임 없이 그 레이스에 동참했다.

"100대 명산, 말이 쉽지 일주일에 한 곳씩 타도 꼬박 50주가 걸리는 대장정입니다. 저는 주말에 주로 등정에 나섰는데 꼬박 2년쯤 걸린 것 같습니다."

당시 100대 명산 등정에 나선 회원은 10만 명쯤 되는데 그는 534번째로 완등자 명단에 이름을 올렸다. 재미있는 것은 그의 부인이 뒤늦게 100대 명산 캠페인에 합류하면서 그 뒷바라지를 하느라 '100대 명산 어게인'을 반강제적(?)으로 했다는 점이다.

100대 명산이 끝나자 김종백 씨는 바로 백두대간 종주에 뛰어들었다. 빠듯한 직장 생활 속에서 나선 길이었지만 강원도 진부령에서 지리산 천왕봉에 이르는 구간도 2년여 만에 마침점을 찍을 수 있었다.

극성스런 그의 산행 열정도 최근 코로나19 앞에서 잠시 멈춰섰다. 전국 산악회가 동시에 휴업에 들어갔기 때문이다. 코로나에서 자유로워지면 그는 매봉산에서 부산 몰운대에 이르는 낙동정맥 종주에 나설 계획이다.

●

전국 226개 시군구의 산에 족적을 남긴 김종백 씨지만 그의 모든 산행의 근원은 비슬산이라고 말한다. 그의 유년기, 청소년기 희노애락을 함께한 곳도 이 산이었고, 산의 의미를 알고 나서 제일 먼저 오른 곳도 비슬산이었기 때문이다.

"3~4시간 코스로 크게 힘들지 않고, 적당히 놀기 좋은 산이 비슬산이에요. 보통 비슬산 하면 봄에 참꽃축제만 생각하기 쉬운데 녹음이 우거진 여름 비슬산, 가을에 갈대에 둘러싸인 천왕봉이나 눈에 파묻힌 대견봉도 놓치기 아까운 풍경이죠."

그에게 비슬산은 그냥 앞마당이자 뒤뜰이요, 일상인 공간이다. 오전에 비가 오면 오후 운무를 보러 산에 오르고, 마음이 울적하면 노을을 보러 저녁 산행을 떠나기도 한다. 주말에 고향 현풍에 가는 길에 바삐 들르고, 오후 귀갓길에 급히 오르는 곳도 바로 비슬산이다.

산을 오른 횟수가 중요한 건 아니지만 그가 비슬산을 등반한 횟수는 대략 1천 회쯤 된다.

비슬산은 그에게 젊은 시절 마음이 흔들릴 때마다 중심을 잡아

주었다. 무엇보다 현재의 심신 건강을 유지할 수 있도록 도와준 곳이기도 하다.

그는 10여 년 전부터 비슬산을 위한 작은 '이벤트'를 준비했다. 이름하여 '비청(비슬산 청소)' 산행이다.

"매주 1회는 무조건 집게와 마대자루를 들고 산에 올라요. 저를 따라 저의 집사람도 함께 청소에 나섭니다. 산에 오르며 구석구석에 버려진 쓰레기들을 줍고 있어요. 일종의 채무 의식인데, 이래야 제가 산에 진 빚을 조금이라도 갚을 수 있을 것 같아요."

●

베이비부머의 마지막 세대인 63년 토끼띠 김종백 씨, 2022년쯤 회사에서 정년을 맞을 예정이다. 평생 일해온 직장을 떠나지만 한편으로 큰 짐을 내려놓은 것 같아 홀가분한 마음도 든다.

이런저런 감정이 교차하지만 당당하게 정년을 맞을 계획이다. 바로 비슬산이 그를 기다리고 있기 때문이다. 몇 년 전부터 정년에 대비해 비슬산 산자락에 귀향을 준비해 왔다.

전원생활에 충분한 밭도 마련했고, 곧 농가주택도 들여놓을 예정이다.

"직장에서 놓여나고 고향 품에 들면 비슬산 나들이도 훨씬 잦아지겠죠. 그땐 현재 주 1회 '비슬산 청소 산행'을 더 늘릴 생각입니다. 제가 비슬산 뒷마당으로 들어왔으니 마당 쓸듯, 정원 청소하듯 말입니다."

2부

전통과 현대가 만나는 곳, 달성 전통시장

조선시대 화원은 중계무역항,
일제강점기 때 달성엔 오일장 성황

달성군
전통시장의 역사

고대 역사를 논할 때, 특히 문명의 전파 경로를 얘기할 때 강江은 언제나 그 중심에 선다. 적게는 지역 물산物産의 유통을 담당하는 교통로로, 크게는 문명과 문명을 이어 주는 교역로로 기능하기 때문이다.

대구에서 선사시대를 말할 때 낙동강과 금호강의 비중은 절대적이다. 고대 북방계 청동기, 철기문화가 두 강을 거쳐 일본으로 흘러갔고, 거꾸로 남해·일본의 해양문화가 대륙으로 통하는 길목으로 작용했다. 고대 불로동 고분군에서 상어뼈가 출토되고 연암산 금호강 주변에서 정어리뼈가 발굴된 것은 고대에 벌써 강을 통해 해양세력과 교류가 있었다는 증거다.

달성군은 대구경북의 젖줄인 두 강이 합수되는 지점에 위치해 고대부터 풍부한 문물의 통로이자 유통의 터미널로 작용했다.

조선시대 화원은 일본-부산-서울 연결하던 무역로

조선시대 달성군 화원현에는 화원창花園倉이 있었다는 기록이 보인다. '창倉'은 전국 각 지방에서 조세로 걷은 미곡米穀, 특산물을 수납하던 조창漕倉으로, 서울로 운송하기 위해 하천의 포구나 진津에 설치되었던 국영 창고를 말한다.

화원창의 주요 기능 중 하나는 해외 무역의 한 기지로써 역할이었다. 세종 1년(1419년)에 대마도 정벌 이후 중단되었던 대일무역은 1423년 부산포, 삼포를 개항하면서 재개되었는데 이때부터 일본의 상품이 부산-낙동강을 거쳐 사문진으로 들어오기 시작했다. 이때 화원은 일본-부산과 서울을 연결하는 중요무역 통로로 기능했는데, 일종의 세관, 무역창고 같은 역할이었다.

당시 일본 상품을 보관하던 '왜물고倭物庫'는 사문진 근처에 위치했는데 이로써 달성이 조선전기 공무역公貿易, 중간무역의 중심지로 기능했음을 알 수 있다.

부산 개항장에 부려진 일본 상품들은 양산에 동원진東院津에서 배에 실려 낙동강을 거슬러 올라 화원으로 보내졌는데 이 기간이 대략 7~8일 걸렸다고 한다.

화원창의 왜물倭物 중 구리, 철, 소목蘇木 같은 국가 소용품은 배편으로 서울 용산으로 수송됐고, 곡식·어염漁鹽 같은 생필품들은 상당수 사문진에서 하역돼 민간에 유통되기도 했다.

이때부터 화원창과 사문진나루터는 세곡선稅穀船, 보부상, 상인, 노꾼들이 바삐 드나드는 중계무역항이자, 국제시장으로 자리를 잡아가게 되었다.

일제강점기, 해방 이후 군내 12곳 오일장 성황
증보문헌비고增補文獻備考에 의하면 달성군 지역의 시장이 열리기 시작한 건 18세기 후반으로 거슬러 올라간다. 이 당시 화원면, 하빈면은 대구에 속했는데 화원장(3, 8일), 현내장(5, 10일), 현풍 읍내장(2, 7일), 차천장(5, 10)이 열리고 있었다.

1885년부터 읍내장, 차천장에는 보부상들이 활동하고 있었다.

이들은 무명을 파는 면전綿廛, 생선·과일을 파는 어과전魚果廛, 포목을 파는 포전布廛을 다니며 고령, 성주, 창녕, 경산, 청도 등지와 거래를 열었다.

당시 이들은 창녕의 상무사 소속이었는데 대구, 달성군의 경제 규모가 커지자 독립해 별도의 상단商團을 꾸렸다.

달성군 전통시장에 대한 자료는 일제강점기에 『대구지』, 『달성지』 등에 조금씩 나온다. 특히 달성군에서 기록한 『시장대장市場臺帳』에는 군내 각 시장의 개시開市일부터 시장에 점포 배치도, 주요 거래품목, 인접 시장과의 거리 등이 상세히 기록되어 있다.

① 금포시장(1893년) ▷논공읍 금포리 ▷2,100평 ▷가건물 104(104평), 노점 30(30평) ▷취급품＝곡물, 포목, 채소, 잡화류, 축산물.

② 화원시장-A(1914년) ▷화원면 천내리 892 ▷4,500평 ▷점포 8동 8칸, 가건물 135 ▷취급품＝백미, 대두, 인견, 마포, 채소, 수산물.

③ 현풍시장(1918년) ▷5,463평 ▷가건물 47동 334칸(501평), 노점 131(196평) ▷취급품＝곡류, 채소, 가축, 일용품, 포목 ▷특이점＝가건물 평당 30환, 노점 평당 20환, 우마牛馬 마리당 사용료 60환, 돼지 30환.

④ 구지시장(1933년) ▷구지면 창리 ▷3,094평 ▷노점 16동 193칸, 노점 30곳(60평), 변소 1, 우시장 1 ▷취급품＝곡물, 채소, 포

목, 잡화, 건어물, 고무신 ▷특이점＝상가 사용료 평당 30환, 노점 20환, 소 마리당 60환, 돼지 마리당 30환, 고기·채소류 장소당 20환, 면·마포 필당 20환.

⑤ 화원시장-B(1947년) ▷화원면 천내리 ▷2,539평 ▷점포 10칸 ▷변소 1, 우물 2 ▷취급품＝미맥米麥, 두류, 잡곡, 채소, 돼지, 닭, 개, 건어물, 민물고기, 해초류, 농기구, 면포.

⑥ 구천시(1947년) ▷현풍면 원교리 12-1 ▷5,438평 ▷상설점포 17칸, 변소 1, 장옥 4동(120평), 우물 1 ▷취급품＝곡류, 채소, 소, 돼지, 닭, 개, 해초류, 건어물, 어패류, 면포, 마포, 건포.

⑦ 백안시(1947년) ▷공산면 미곡리 545 ▷300평 ▷점포 6칸, 변소 1 우물 1 ▷취급품＝쌀, 콩, 보리, 돼지, 닭, 해초류, 생선, 과일, 직물.

⑧ 구지시(1947년) ▷구지면 창리 ▷2,655평 ▷소 우리 13곳, 변소 1, 우물 1, 점포 12칸 ▷취급품＝미곡, 과일, 채소, 소, 돼지, 닭, 수산물, 농기구, 의복, 잡화 ▷특이점＝소 우리 평당 5전, 노점 평당 3전, 거래세 소 마리당 3전, 양·돼지 1전.

⑨ 하빈시장(1947년) ▷하빈면 현내리 ▷141평 ▷노점 7 ▷취급품＝백미, 대맥, 소맥, 대두, 면화, 삼 ▷특이점＝사용료 점포당 120환.

⑩ 동곡시장(1947년) ▷하빈면 동곡리 125-3 ▷484평 ▷점포 8동, 48점포(72평), 12점포(24평) ▷취급품＝백미, 대맥, 소맥, 대두, 면화, 삼, 호맥.

　⑪ 옥포시장(1949년) ▷옥포면 기세2리 ▷1,804평 ▷가건물 104(104평), 노점 30곳(30평) ▷취급품＝곡물, 포목, 과일, 채소, 잡화 ▷특이점＝사용료 가건물 1곳당 40환, 노점 1곳당 20환.

　⑫ 장기시場基市 ▷논공면 금포리 1805 ▷489평 ▷장옥 59칸, 변소 1 ▷취급품＝쌀, 보리, 소맥, 대두, 소두, 돼지, 소, 닭, 명태, 청어, 임목林木.

유통 근대화 바람 이후 4~5곳만 남아 명맥 유지

　일제강점기와 해방 직후 달성군의 전통시장 수는 공식적으로

12곳이다. 1958년 달성군지 기록을 보면 12곳이던 오일장 수는 10여 년이 지나면서 10곳으로 줄어든 것으로 나타난다.

규모가 적었던 백안장, 동곡장 등이 시장 기능이 쇠퇴하며 자취를 감추었고, 대신 하빈면의 상곡장, 월배장 등이 부락세가 커지며 새로운 오일장으로 등장한다. 이들 오일장은 1960년대까지 지역의 상업활동에서 중요한 몫을 담당해 왔다.

1970년대 이후 불어온 유통 구조 근대화 바람은 오일장에 가장 큰 위협요소로 작용했다.

도심엔 상설시장, 백화점, 대형 유통센터, 슈퍼마켓, 연쇄점, 농협 공판장들이 잇달아 들어서며 전통시장 상권을 위협했다.

보부상, 장꾼들 하루 이동거리인 30~40리를 기준으로 세워졌던 오일장도 교통이 발달함으로써 이런 원칙들이 무너지며 급격히 쇠퇴하기 시작하였다.

여기에다 최근 코로나19 열풍으로 불기 시작한 비대면 거래, 온라인 마케팅, 홈쇼핑 등도 가뜩이나 위기에 몰린 전통시장의 입지를 자꾸 좁혀가고 있다.

현재 달성군의 오일장은 ▶상설 시장과 정기 시장을 겸하는 화원 전통시장 ▶논공읍 금포시장길에서 열리는 논공시장 ▶현풍 백년도깨비시장 ▶논공읍 북리에서 열리는 논공 중앙시장 등 4곳만 남아 명맥을 유지하고 있다.

50여 점포 남짓한 소형 시장, 유명 맛집 찾아 맛객들 북적

논공
중앙시장

장차 공업工을 논論할 곳? 지명부터 궁금증을 불러일으키는 곳이 있다. 달성군의 논공論工읍이다.

역사적으로 논공과 공장·공업은 거리가 멀어 보이고 오히려, 지리적으로 농업과 더 밀접해 보인다. 남동쪽에서 솟구친 비슬산이 서쪽으로 넓은 평야를 펼쳐 놓았고, 화원에서 굽이친 낙동강이 논공에 이르러 넓은 충적지대를 형성했기 때문이다. 옛날부터 논공 일대는 옥포면의 평야와 더불어 '옥공들'로 불리며 비옥한 곡창지대를 형성해 왔다.

'논공' 이란 지명이 역사서에 처음 등장하는 건 고려시대라고 하는데 이런 '난데없는 이름' 의 출처를 두고 주민들도 무척 궁금하게 여겼다. '공工' 을 유추할 어떤 광산이나 기능·직업 집단 같은 역사적 근거가 보이지 않기 때문이다.

그런데 이 이름이 1천 년 세월을 뛰어넘어 예언서처럼 현실이 되었다. 1983년 6월에 달성산업단지가 조성되었기 때문이다. 현재 이 공단 안에는 기업체 308곳이 입주해 있다. 이름처럼 공업도시가 된 것인데 이 덕에 한가로운 농촌마을이었던 논공은 인구 2만의 읍으로 성장했고, 이 도시의 성장세를 따라 교통, 문화, 경제도 잘 발달했다. 논공지역의 유통, 경제의 중심인 논공 중앙시장을 돌아보았다.

1983년 산업단지 입주 후 공업도시로 변모

신라시대 논공은 현풍, 유가와 함께 경주 외곽의 한 현縣으로 편재해 있었다. 고려시대 들어와 세가 가장 컸던 현풍에 통합되었고, 이 현풍은 다시 1914년 행정구역 통폐합 때 경상북도 달성군 논공면이 되었다. 1996년 대구시에 편입되며 읍邑으로 승격한 논공은 현재 8개 리, 19개 자연촌락을 관할하고 있다.

논공지역은 자체로 큰 행정 단위가 아니었기 때문에 대구와 경산, 성주, 화원 사이에서 여러 차례 속현屬縣을 반복해 왔다. 이런 이유로 논공이란 지명이 역사서에 비중 있게 서술된 흔적은 거의 보이지 않는다.

소읍, 소부락으로 존재감이 미미했던 논공이 대구 외곽의 주요 도시로 부상하기 시작한 것은 앞서 언급한 대로 1983년 6월 21일 달성 지방산업단지가 들어서면서부터이다.

현재 달성지방산단엔 308곳 업체가 입주해 있고, 종업원 수만 1만 3천여 명에 이른다. 지역 자동차 부품회사의 주력인 평화산업, 대동공업, 상신브레이크, 이래오토모티브(구. 한국 델파이) 등이 일찍부터 자리를 잡았다.

이 덕에 자연부락에 머무르던 논공은 20여 년 새 대구 외곽의 공업도시로 성장을 거듭하고 있다. 한때 인구 2만 5천 명을 자랑하며 인근 화원읍을 위협하기도 했으나 최근 들어 감소세가 이어지고 있다.

1996년 시장 오픈, 관官주도 행정시장 성격

인구와 물산物産이 모이는 곳에 시장이 서는 것은 자연스러운 이치다. 논공중앙시장은 이런 필요에 의해 인위적으로 만들어진 관官 시장, 행정시장의 성격이 강하다.

시장이 들어선 용호로 일대는 논공읍 주거지역 중심부에 위치해 읍내의 어느 곳에서든 접근이 수월하다.

논공중앙시장은 1996년 4월에 개장했다. 이 시기는 논공에 도심 인구가 급격히 늘어난 시기로 시장수요가 급증했던 것으로 보인다.

시장엔 현재 50여 곳 점포가 성업 중이다. 상당수가 오픈 무렵부터 같이 활동해 온 점포들이어서 상인들 간 호흡도 잘 맞고, 가게 연륜이 쌓이다 보니 물건의 품질에서도 뒤지지 않는다.

달성군은 올 3월 정부 지원을 받아 아케이드 사업을 진행했다. 시장 문을 연 지 20년이 넘어서자 시설이 노후화되고 안전에도 여러 문제들이 발생했기 때문이다.

총 10억 원이 투입된 시장 공사는 구조물뿐 아니라 건축, 소방, 전기, 통신공사도 함께 진행해 분위기를 일신할 수 있었다.

시장에서 만난 한 상인은 "현대화사업 이후 시장 분위기가 훨씬 쾌적하고 밝아졌다"며 "이 덕에 방문 손님도 많이 늘고, 빈 점포 입점에 대한 문의도 많이 늘고 있다"고 밝혔다.

맛객·블로거들 사이 진주식당·황실국밥 등 입소문

논공중앙시장은 50여 점포 남짓한 도심형 소형시장이지만 맛객들 사이에서는 필수 방문코스로 제법 유명하다.

한 블로거는 50m 남짓한 골목이지만 맛집들의 '격전'이 심상치 않은 곳이라고 평하고 있다.

논공시장의 셀럽은 단연 '진주식당'이다. 가성비를 넘어서는 '갓성비'를 자랑하며 지역 블로거들의 칭송을 한 몸에 받고 있는 곳이다.

돼지 두루치기 소小짜에 1만 2천 원인데, 거의 쟁반에 담아 내는 수준으로 2~3인이 먹을 만한 양이다. 블로거들 후기 중에는 혼자 와서 소짜를 시켰다가 반도 못 먹고 남겼다는 답방기들이 많이 회자된다. 돼지 두루치기 외 순대볶음, 삶은 돼지고기, 국밥도 인기 메뉴다.

부드러운 머릿고기와 담백한 국물이 특징인 '황실국밥'도 꽤 인기코스다. 고기 양이 넉넉하고 공기밥도 푸짐해 대식가가 아니라면 약간 덜어내야 할 정도. 국밥 외 순대와 떡볶이, 미니 족발도 인기 메뉴다. 블로그에는 1인당 1만 원으로 족발, 분식, 돼지고기를 맘껏 먹을 수 있는 곳으로 소개돼 있다.

단돈 1만 원에 싱싱한 물회를 먹을 수 있는 '싱싱물회'도 단골을 몰고 다니는 집이다. 배와 함께 썰어 내는 싱싱한 활어를 매콤달콤 양념에 말아 먹는 것이 포인트다. 반찬가게를 겸하는 덕에 그냥 밑반찬 수준이 아닌 정식집 메인메뉴 급 반찬(찜짐, 갈치구이, 두부조림, 묵 등)이 함께 나온다. 오징어 무침회, 가오리 무침회, 소라회 무침회도 함께 취급한다.

지역 전통시장에 깊숙이 파고든 다문화 현상

달성군 지역 시장 탐방에 나서면서 적잖이 당황스러울 때가 있다. 어느새 우리 생활 속으로 깊이 들어와 버린 다문화 가정, 외국인 근로자 문화 때문이다. 농촌 총각 결혼이나 3D 업종 인력으로 들어온 이주 여성, 근로자들이 이제 우리 사회 한 구성원으로 자리 잡아가고 있는 것이다.

외국인 근로자들이 많이 모여 있는 달서구 와룡시장 일대는 상

가 상당수가 이미 동남아 생활필수품을 취급하고 있고 주말 시
장 손님의 20~30%가 외국인들로 채워진다고 한다.

외국인 근로자들이 많이 거주하고 있는 논공지역도 마찬가지
다. 논공 읍내로 들어서면 거리의 각종 안내 현수막의 20~30%는
원어민용 플래카드들이다.

논공중앙시장에도 이미 다문화 가정을 위한 상점들이 들어와
있고, 이곳 역시 주말엔 다문화 가족, 외국인 근로자들로 북적인
다. 아마 반세기쯤 세월이 흐르면 우리 사회는 동남아 출신 각료
나 정치인이 배출되는 다문화, 다민족 시대로 들어설 것이다.

5천 년을 이어온 단일민족 전통이 무너지는 아쉬움도 있지만, 글로벌 시대, 다문화 시대로의 이행은 필연적이라는 현실을 받아들여야 할 때가 된 것도 같다.

온라인·비대면 마케팅 시대에 대구 시내에 오일장이?

화원전통시장

대구와 고령, 성주 사이에 위치한 화원은 예부터 대구의 공산품이 대구 외곽으로 나가는 통로이자, 서부 평야지역의 미곡, 채소, 과일, 수산물이 대구로 들어오는 관문 역할을 했다.

화원 전통시장은 18세기 화원현 일대에서 매월 열리던 향시鄉市를 계승하고 있는데, 1914년 행정구역 통폐합 당시 달성군으로 개편되면서 군의 공식 장시場市가 되었다.

일제강점기 - 해방 후 달성군지『시장대장』에 화원시장에 대한 기록이 상세히 나오고, 디지털달성 문화대전엔 '조선 총독부 시장 규칙이 공포되면서 1914년 정기시장으로 등록되었다가 1947년 시장 공설화 시책에 따라 공설시장이 되었다'고 적혀 있다.

일제강점기 1914년 첫 개설 당시 화원시장은 4,500평 규모에 점포 8동, 8칸에 가건물이 135곳 있었다. 백미, 대두, 인견, 마포, 채소와 수산물이 주로 거래되었다. 4,500평 면적은 당시 현풍시장과 원교리에 있던 구천시장에 이어 세 번째 규모로 화원장이 달성군 오일장의 중추적 기능을 했음을 알 수 있다.

해방 후 공설시장으로 승격한 화원시장엔 2,500여 평 면적에 점포 10칸, 변소 1곳, 우물 2곳이 있었다고 전한다. 취급품이 미맥, 두류, 채소, 돼지, 닭, 건어물, 민물고기, 해초류, 농기구 등으로 특산품보다는 생필품 위주로 시장이 운영되었음을 알 수 있다.

금호강, 낙동강 합수지점 입지, 예부터 물류의 중심

달성군 화원의 역사는 신라시대로 거슬러 올라간다. 화원지역은 신라시대 정치, 행정, 경제적으로 큰 비중을 차지하고 있었는데 이는 화원동산 안에 있는 성산리고분군을 보면 알 수 있다. 이곳 고분을 발굴할 때 환두대도環頭大刀, 금제이식金製耳飾, 금동제 허리띠 장식 등이 출토돼 꽤 큰 정치세력이 존재했음을 알 수 있다.

경주의 서쪽 끝단이었던 화원은 5~6세기 경주 세력들이 국방, 경제 등의 이유로 매우 중시하던 곳이었다. 그 흔적이 상화대와 구라리九羅里다.

구라리는 '구래九來'에서 유래한 것으로 경덕왕이 9번이나 찾았다는 뜻을 담고 있고, 상화대는 신라의 화랑들이 심신수련을 위해 화원의 누대樓臺에 올라 '꽃花을 감상賞'했다고 해서 전해진 이름이다.

화원은 금호강과 낙동강의 합수合水지점에 자리 잡고 있어 옛날부터 수운水運의 중심지였고 육로로는 고령, 성주와 연결돼 양곡, 공물의 유통 거점 역할을 했다.

앞서 언급한 대로 조선 초기 화원에는 화원창花園倉이 있었는데 이웃한 강창江倉과 함께 대구, 달성에서 거둬들인 조세, 미곡, 군량미를 서울로 올려 보내는 물류기지 역할을 수행했다.

두 조창漕倉은 지역의 물산을 서울 또는 낙동강 하류로 옮기는 유통기지 외 부산을 거쳐 올라온 일본 상품들을 경향 각지에 유통시키는 중계무역 기지로도 작용했다.

장날이면 500여 m 골목길 노점으로 북적

행정구역상 화원시장은 화원읍 인흥길 33-4번지 건물을 말한다. 60여 개 점포로 구성된 상가주택 복합형 형태를 띠고 있다.

화원시장의 가장 큰 특징은 상설시장과 오일장이 함께 운영된다는 점. 이런 '동거'는 지방 소도시에서는 흔한 모습이지만 대도시에서는 생소한 형태다.

비대면, 온라인 마케팅 시대 이런 도심에 오일장이 출현한다는 사실은 유통사에서도 의미 있는 사건임에 틀림없다.

장날인 1, 6일이면 화원역 2번 출구 비슬로 대로변은 노점상으로 북적이는데, 흡사 시골 장터를 보는 듯하다.

이 노점 행렬은 화원초등학교 옆 비슬로 골목을 따라 500m 이상 이어진다. 화원역-화원초교-화원교회-화원성당으로 이어지는 시장은 연면적 5만여 ㎡에 이른다.

시장에서 과일가게를 하고 있는 한 상인은 "대구 시내에 불로동, 반야월, 현풍 등에 5일장이 서고 있지만 아마 규모 면에서는 화원장을 따라올 수 없을 것"이라고 말했다.

시장의 배경인 천내리는 단독주택이 많아 아직 전통부락 흔적이 남아 있고, 세대 구성상 어르신들이 많아 장터 DNA가 아직 살아 있는 것으로 보인다.

달성군의 한 관계자는 "18세기 후반 상공업이 장려되면서 대

구 권역에 읍내장, 현내장, 무태장, 백안장, 해안장 등이 향시鄕市
로 개설되었다" 며 "화원이 대구와 부근 농촌도시 사이에 위치해
두 상권 간 유통 거점으로 자리를 잡아 왔다"고 설명했다.

　화원시장상인연합회 장정규 회장은 "화원시장은 대구 도심에
서 오일장이 서는 매우 독특한 시장 형태를 가지고 있다" 며 "온
라인 시대 이런 독특한 오프라인 시장 구조는 정부, 자치단체
차원에서 적극 육성할 가치가 있는 시장 문화"라고 말했다.

뻥튀기 기타맨, 60년 전통 방앗간, 시장의 명물

어느 시장이든 장터를 대표하는 명물들이 있다. 이들은 시민들에게 볼거리를 선물하거나 이벤트를 베풀어 시장의 흥을 돋우는 양념 역할을 한다.

화원시장의 엔터테이너는 단연 '뻥튀기 기타맨' 이경호(65세)씨다. 20대에 기타를 독학한 이 씨는 모든 악기들을 섭렵하며 한때 밤무대에 설 정도로 연주실력을 갖추었다.

가난한 살림에 악보를 살 돈이 없어 노래를 수백 번 들은 후 악보를 완전히 복기復記해 노래를 완성했다고 한다.

부친에 이어 2대째 뻥튀기를 하고 있는 그는 "뻥튀기와 기타가 전혀 어울릴 것 같지 않지만 둘 다 묘하게 사람을 끄는 매력이 있다"고 말한다.

'뻥' 소리 한 번에 5,000원을 요금으로 받는데 장날은 보통 100번씩, 설·추석대목 땐 150번씩 튀겨낸다고 한다.

이 씨가 기타 멜로디와 뻥튀기 퍼포먼스로 장터 사람들의 귀를 즐겁게 해 준다면 '의성참기름 고추방앗간'은 고소한 냄새와 따뜻한 미담으로 장터를 훈훈하게 덥혀주고 있다.

시장 상가에서 참기름 가게를 열고 있는 곽종희 씨는 2대째 가업을 잇고 있는 시장의 터줏대감이다. 1960년대 초 어머니 문윤선 씨가 지인의 권유로 시작한 방앗간은 그동안 부침을 거듭했지만 이 점포 덕에 5남매를 먹여 살리고 공부를 시킬 수 있었다.

얼마 전 이 점포에 희소식이 들려왔다. 2대 곽종희 씨에 이어 23세 난 손자(이혁재)가 방앗간 일을 거들고 나선 것이다. 덕분에 3대 전통 방앗간 노포老鋪엔 더 고소한 향기가 피어나고 있다.

1대 문윤선 할머니는 "1960~70년대 장이 한창 섰을 때 쇠전, 돼지전, 닭·개 등 온갖 가축장이 서 정말 장터 분위기가 났다"며 "인근 성주, 고령은 물론 가창 정대골에서 지게를 지고 산을 넘어 장을 보러 왔다"고 전했다.

순댓국집, 서순자 손수제비 등 맛집들 유명

전통시장 하면 빼놓을 수 없는 것이 맛집들이다. 화원시장에도 레전드급 맛집들이 성업 중이다.

화원 오일장 '순대국밥집'은 상호 정체성이 애매한 식당이다. 간판엔 '줄 서서 먹는 매운 순대집' '화원 오일장 순대국밥'을 붙여 놓았는데 어떤 것이 정식 상호인지 알 수 없다.

매달 1, 6일만 문을 여니까 한 달에 6일 정도만 영업을 하는 셈인데 이런 배짱 영업이 부럽기만 하다. 식사는 돼지국밥, 순대국밥, 섞어국밥이 주 메뉴이다. 순대는 찹쌀이나 피순대가 들어가는 '럭셔리'가 아니고 당면이 주로 들어간다. 당면에 매콤한 맛을 첨가한 것이 비법이라면 비법.

'서순자 손수제비' 집은 장날이면 가게 앞에 파라솔을 펴고, 별도 천막집에서 손님을 맞을 정도로 붐빈다. 특히 연세 드신 단골들이 많다. 고령이나 대구 도심에서 손수제비를 먹으러 일부러 오는 진성 단골들도 많다. 블로거들 사이에서는 '수제비가 맛있다' '칼국수가 맛있다'는 시비가 있을 정도로 메뉴에 대한 호불호 논쟁도 치열하다.

한때 수구레국밥 먹으러 전국 관광차 수십 대 북적

현풍
백년도깨비시장

검을 현玄 바람 풍風, Black
Wind? 현풍은 지명부터 예사롭지 않다. 본래 이름은 현풍玄豐
이었으나 고려 말 밀양에 속현으로 있을 때 마을에 불미스러운
일이 있은 후 '풍風속을 교화하라' 고 해서 이 이름이 되었다고
한다.

지정학적으로 영남 남부내륙의 요충지에 위치했지만 독자적
성장기반을 갖추지 못해 늘 주변 도시와 통폐합을 거듭해 왔다.
삼국시대부터 창녕, 밀양, 달성, 고령 등에 속현屬縣, 속군屬郡을
반복해 온 것을 보면 알 수 있다. 한때 '현풍군' 으로 홀로서기도
해보았지만 결국 1914년에 달성군에 편입되면서 현재에 이르게
되었다.

조선시대 현풍은 군사, 교통상의 요충지로 기능했다. 임진왜란
때는 곽재우 장군이 왜군을 격파하던 국방의 요새였고, 고령
쪽으로 이어지는 육로는 창녕 - 대구 - 고령을 연결하는 주요 교통
로였다. 서쪽으로 흐르는 강창나루는 영남 내륙에 세곡稅穀을 모
아 낙동강으로 연결하던 대표적 수운輸運이었다.

현풍장에 대한 역사적 기록은 『증보문헌비고』 향시조鄕市條에
처음 나타난다. 이 책의 편찬 시점이 1770년이니까 시장의 출현
은 그 이전으로 소급된다고 볼 수 있다. 그 당시 달성군에서는
화원장, 현내장, 읍내장, 차천장이 이미 열리고 있었으니 기록상
현풍시장의 역사는 250년쯤 되는 셈이다.

한말에 보부상들 현풍 지방에 물류 도맡아

지역의 향토지에는 한말 현풍장과 관련해 보부상들의 활약상이 많이 소개된다.

현풍을 관할하던 부상負商은 창녕군 일대 시장을 관할하던 창녕상무사 소속이었는데, 이들은 면전棉廛, 생선·과일을 파는 어과전魚果廛, 포목을 파는 포전布廛을 돌며 지역의 물건들을 대구, 고령, 성주 등에 유통시켰다.

낙동강이 양곡, 목재, 소금 등 대단위 화물유통을 담당했다면, 보부상은 도시와 도시, 마을과 마을을 담당하던 지역 상권의 중심이었다. 반관반민半官半民의 경제단체였으니 지금으로 치면 상공회의소에 가깝다고 볼 수 있다.

웬만한 보부상들은 하루 오십 리(20km)를 걸었고 최고 수준의 일꾼들은 백 리(40km)도 거뜬했다고 한다. 이들의 탁월한 기동 능력은 상업목적 외 정치적으로 이용되기도 했는데, 세도가에서 밀서密書를 주고받을 때나 사가私家에서 급한 용무가 있을 때에도 이들이 동원됐다.

2014년 현풍장 개시 100주년 맞아 대대적 기념행사

일제강점기 조선총독부는 현풍지방에서도 광범위하게 경제적 침탈을 자행했다. 그만큼 현풍지역이 대구의 남부에서 주요 상권으로 기능했음을 알 수 있다.

일제강점기-해방 직후에 발행된 달성군 『시장대장市場臺帳』에

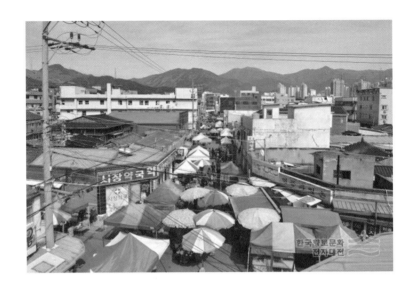

보면 현풍시장에 대한 기록이 상세히 나온다. 시장 설립연도는 1918년으로 나오는데 아마 1914년 총독부의 '시장규칙 조례'에 따라 군내 각 지역에 시장을 신설할 때 생긴 것으로 보인다.

당시 시장 면적은 5,463평으로 군내 12곳 시장 중 규모가 가장 크다. 장옥場屋도 47동 334칸, 노점도 131곳이나 돼 먼저 생긴 회원시장(1914년)을 훨씬 압도하고 있다.

곡류, 채소, 일용품, 포목 외 가축시장이 활성화돼 우시장, 돼지시장이 크게 섰다고 한다.

당시 기록에 보면 가축에 대한 중개수수료가 상세히 나오는데 우마牛馬는 마리당 60환, 돼지는 30환으로 기록돼 있다.

1914년 9월 조선총독부는 '시장규칙'을 내려 군내의 여러 시장을 합쳐 통합, 또는 분산시키고 있다. 동아일보는 '당시 현풍 시장의 규모가 너무 커지자 자본의 집중을 우려한 일제가 각지로 상권을 분산시키기 위한 의도' 였다고 적고 있다.

달성군에서는 2014년 '군 개청과 현풍장 개시開市 100주년' 을 맞아 '현풍 백년도깨비시장' 으로 명명命名하고 밀레니엄 시대 개막을 선포했다.

수구레국밥 가장 유명, 한때 전국서 관광객 운집

1980년대부터는 연쇄점, 대형마트 등 유통구조가 근대화되면서 현풍장은 다른 시장처럼 급격히 쇠락해 갔다. 쇠퇴하는 현풍장을 되살리기 위해 달성군에서는 2010년 점포 50칸, 노점 49곳, 주차장을 갖추고 2층 현대식 건물로 새 단장 했다.

시장이 새로워지면서 유동인구가 조금씩 늘었고 특히 주말 장날엔 인근의 장꾼, 농민, 어르신들이 대거 몰려 옛 전통 장날 분위기를 자아낸다.

현풍장에서 가장 인기가 있는 것은 수구레국밥 골목이다. 수구레는 소의 살과 가죽 사이 아교 같은 부분으로 쫄깃쫄깃하게 씹히는 맛이 일품이다. 소고기가 비싸던 시절 서민들이 단백질을 보충하기 위해 먹었던 추억의 음식이기도 하다.

이미 오래전부터 지역 맛집으로 미식가들 사이에 소문이 났지만 2011년 1박 2일 팀의 '전국 5일장 특집' 때 이수근이 이 국밥을 소개하면서 전국적 명소로 알려졌다.

상가연합회 김상학 사무국장은 당시에는 "수구레국밥을 먹기 위해 관광버스들이 전국에서 줄지어서 모여들 정도로 인기가 있었다"며 "그 후 1~2년은 골목에 10여 집 모두 단체손님을 치르느라 정신없이 바빴다"고 말했다.

대구에서 왔다는 한 손님은 "수구레국밥은 등산 후에 막걸리와 한잔하면 기가 막힌 조합을 이룬다"며 "콜라겐, 젤라틴, 엘라스틴이 풍부해 여성들도 피부미용을 위해 즐겨 찾는다"고 말한다.

청년몰엔 젊은 창업자들이 각자 입맛, 수공예품 뽐내

달성군은 2019년 3월 현풍백년시장 북편에 '현이와 풍이의 청춘신난장'을 오픈했다. 알록달록한 색상의 컨테이너 건물들이 늘어선 모습은 마치 영화 세트장에 온 듯한 분위기를 연출한다.

재래시장의 '전통'에 청년들의 젊은 감각을 입힌 이 청년몰은 2년째 지역의 명소로 자리 잡으며 달성군 필수방문코스로 자리매김했다.

청년몰 모집 공고를 보고 주부, 학생 등 20~30대 젊은이들이 각자의 아이템을 들고 와 열정을 펼치고 있다. 시장 내 청년상인들이 직접 인테리어한 점포는 젊은 감각을 뽐내며 젊은층들은 물론 주부, 50~60세대들까지 불러들이고 있다.

2021년 현재 청년몰엔 20개 점포 중 16곳이 각자의 솜씨와 맛, 개성을 뽐내며 왕성한 활동을 펼치고 있다.

　청년몰엔 음식·간식류 9곳, 카페·음료 4곳, 수공예 3곳, 제빵, 사진관 등이 입주해 있다. 메뉴도 돈까스, 갈비찜, 베트남쌀국수, 샌드위치, 수제청, 크레페 등으로 다양하다.

　청년몰의 최병진 회장은 "전통시장에 둥지를 튼 젊은 감성들을 시장에 안착시켜 모든 세대를 아우르는 시장으로 거듭나고 싶다"며 "앞으로 야시장, 버스킹, 계절축제 등 다양한 이벤트를 기획하고 있다"고 설명했다.

재밌는 도깨비 설화, 시장 스토리텔링으로 접목

현풍장에는 재미있는 도깨비 이야기가 전해진다. 시장 근처 원교리에는 장난기 많은 도깨비들이 살고 있는데 이 도깨비들은 사람들의 근심을 먹고 산다고 한다. 짓궂은 장난을 쳐서 사람들이 깜짝 놀라는 순간 그 사람의 근심과 걱정을 모두 꺼내 간다고 한다.

달성군의 한 관계자는 "도깨비 설화와 현풍장의 결합은 민초들의 고민, 애환을 도깨비들이 해결해 준다는 복신福神, 초월자, 전능신全能神 사상에 근거하고 있다"며 "근심과 걱정을 시장에 털어 버리고 장바구니 가득 웃음과 인심을 채워가라는 의미를 담고 있다"고 설명했다.

3부

언론에 비친
전재경

달성군을 역사·문화 어우러진
과학·교육도시로

"달성군은 역사, 문화가 잘 어우러진 도시입니다. 이런 전통 위에 과학도시 인프라를 접목한다면 역사와 과학이, 문화와 첨단 테크놀로지가 조화를 이루는 최고의 자치단체가 될 것입니다."

전재경 대구성서산업단지관리공단 전무이사가 내년 6월에 실시되는 달성군수 출마를 본격화하고 발빠른 행보에 나서고 있다. 1985년 달성군에서 공직생활을 시작해 화원읍장, 행정관리국장, 기획감사담당관을 거친 전 전무이사는 풍부한 행정 경험과 달성군 역사, 살림살이에 대해 해박하다는 것이 가장 큰 장점으로 꼽힌다.

스스로 '행정의 달인' 이라고 자부하며 출마 준비에 분주한 그를 성서산단 사무실에서 만나 보았다.

　- 달성군에서 만 25년을 근무했는데 달성군에 대해 총평을
한다면.

　▶ 과거 달성군은 9개 읍면이 대구 전체를 감싸고 있던 웅군雄
郡이었다. 근대 이후 대구시가 시세를 확장하면서 상당 부분 달
성군을 잠식했지만, 한때 현풍엔 지방 행정구역인 현縣, 역원驛院
이 설치되었을 정도로 군세郡勢를 자랑했다. 비슬산, 금호강, 낙
동강이 군을 감싸고 있는 지세를 배경으로 대견사, 용연사 등 고
찰과 서원, 사당, 교회 등 문화유적들이 곳곳에 산재해 있다. 이
렇게 역사, 문화와 첨단산업단지가 조화를 이루고 있는 자치단
체도 드물다.

　- 달성군의 미래를 위해 어떤 플랜들을 펼쳐 보일 건가.

　▶ 1970~80년대 이후 달성군은 경제, 사회, 문화 인프라가 잘 갖춰졌다. 이젠 그 바탕 위에 달성군을 과학, 교육도시로 집중 육성해야 한다. 내가 기획관리실장으로 있을 때 테크노폴리스가 조성되고 이 안에 DIGIST, 대구과학관 등 과학 단지가 들어왔다. 여기에다 인근에 달성국가산업단지, 물산업 클러스터가 위치해 전국 최고 수준의 과학벨트를 갖추고 있다. 이제 이 인프라를 기반으로 달성군의 모든 행정 역량을 과학, 교육도시 육성에 쏟아부어야 한다. 과학기술·교육 분야의 투자는 늦은 감이 있다. 테크노폴리스 달성산업단지가 조성될 때 같이 연동해서 도

시 경제를 디자인했다면 지금쯤 달성은 문화, 역사와 과학, 교육이 어우러진 전국 최고의 자치단체가 되었을 것이다.

- 과학과 교육을 연계해 경제를 살릴 구체적 대안이 있나.

▶ 달성군 테크노폴리스 안에 대형 게임랜드를 조성할 계획이다. 게임산업은 언택트 사회를 맞아 가장 크게 성장을 거듭하고 있는 분야다. 2021년 국내 게임시장 규모는 18조를 넘어섰다. 국내 자동차 시장 59조 원의 3분의 1 수준으로 덩치가 커졌다.

미국의 '데이브 앤 버스터스DAVE&BUSTER'S', 일본의 아키하바라에 '세가SEGA' 같은 초대형 아케이드 게임장을 세울 계획이다. 이를 기반으로 달성군에 게임 생태계가 형성되면 e-스포츠 전용경기장 건설이나 벤처, 스타트업 등 게임산업 육성에도 적극 나설 생각이다.

- 사회복지정책에 대한 구상도 들려 달라.

▶ 달성군의 평균연령은 40.8세로 8개 구군 중 가장 낮다. 이런 특성에 맞춰 젊은 세대들이 지역에 뿌리를 내리고 잘 정착할 수 있도록 복지정책을 개발해야 한다. 모성보호에도 관심을 기

울여 젊은 엄마들이 안심하고 자녀를 양육할 수 있는 환경 조성에도 나설 것이다.

현재 달성군엔 공립어린이집 등 보육시설이 잘 갖춰져 있다. 앞으로 이런 보육시설을 대구과학관, DIGIST, 대구시교육청 등과 연계해 다양한 과학, 체험교육 프로그램을 개발해 나갈 예정이다.

– 달성군의 각 지역별 개발전략에 대해 말해 달라.

▶ 달성군 지역 개발 마스터플랜은 ▶화원·옥포·논공 ▶다사·하빈 ▶가창의 '3-트랙'으로 요약된다. 먼저 화원·옥포·논공지역은 앞서 강조한 대로 과학, 기술, 교육도시로 집중 육성할 계획이다. 우선 최근 정체 상태에 있는 테크노폴리스를 물산업 클러스터, 달성국가산단과 연계해 R&D 특구, 한국형 실리콘밸리로 집중 육성할 계획이다. 달성군의 북쪽에 위치한 다사, 하빈지역은 주거지역 도시 특성을 살려 생활밀착형 복지에 집중할 계획이다. 주민들이 쾌적한 일상생활을 누릴 수 있도록 등산로, 자전거 도로, 근린공원, 파크 골프장 등 체육시설을 정비하고 도서관, 주민문화센터 등 문화시설도 확충할 계획이다.

대구교도소 이전 예정지로 주목을 받고 있는 하빈 지역은 교도소 후적지 개발과 연계해 SOC를 확충하고, 이를 기반으로 신

주거지로 개발할 계획이다. 도농복합도시로 부상하고 있는 가창 지역은 대구 부도심 특성을 살려 각종 복지시설을 비롯한 전원 주택단지로 개발을 검토하고 있다.

　- 본인의 가장 큰 장점은 무엇이라고 생각하나.

▶ 난 1985년 달성군에서 공직생활을 시작한 후 화원읍장, 기획감사담당관, 총무과장, 행정관리국장, 문화공보실장 등 자리를 거쳐 왔다. 농촌 도시였던 달성군이 첨단과학도시, 대규모 주거타운으로 변해 가는 과정을 모두 지켜보았고 행정책임자로 기획, 실무를 담당해 왔다.

　행정은 디테일이다. 의사결정자의 능력, 안목에 따라 결과가 크게 달라질 수 있다. 기초단체장은 일선 실무 경험이 풍부한 '정책 결정의 기술자' '행정의 달인'이 맡아야 한다고 본다.

2021년 10월 26일
〈디지털경제〉 한상갑 기자

성서산단 올 1분기 가동률 약진,
입주업체 노력 결과

반짝 약진인가, 본격 대구 경제 활황의 신호탄인가.

코로나19로 직격탄을 맞은 대구성서산업단지(이하 성서산단)가 침체를 딛고 조금씩 회복세를 보이고있다. 성서산단은 올 1분기 가동률 67.40%를 보이며 전분기 대비 1.54% 증가한 것으로 나타났다.

재밌는 것은 1분기 가동률 67.40%는 코로나 이전인 2019년 4분기 67.84%와 불과 0.44% 차로, 적어도 수치상으로는 코로나19 이전 상태로 회복된 것으로 보인다.

소비자들의 경제상황에 대한 심리를 나타내는 '소비자 심리지수'도 5월 105.2를 기록하며 2018년 6월 106.3 이후 가장 높은 수치를 보이고 있다.

대구 경제에 훈풍이 불기 시작한 걸까, 아니면 일시적 호황을

맞은 걸까. 이를 보는 경제계의 시선도 조심스럽다.

대구지역 최대 산업단지인 성서산단을 책임지고 있는 전재경 전무이사를 만나 산단의 현안과 앞으로 계획에 대해 들어보았다.

– 성서산단 1분기 평균 가동률의 눈부신 약진 이유는?

▶ 봄, 여름철을 맞아 섬유, 패션 경기가 상승, 약진세를 보이고 있다. 계절적인 성수기인 덕도 있지만 산업 전반에 걸쳐 소비심리도 예년 수준으로 회복되고 있다. 코로나19 백신 보급과 접종률도 상승하면서 내수 경기도 서서히 살아나고 있다.

– 경제 지수, 경제 흐름 외 다른 이유에서도 원인을 찾을 수 있을까?

▶ 작년 1분기 가동률은 66%로 2008년 금융위기 수준이었다. 8분기 연속 하락하며 성서산단의 흑역사를 기록하기도 했다. 그럼에도 코로나-19 사태 이후 성서산단에 정부와 경제단체의 직접적인 지원이나 정책 배려는 거의 없었다. 그렇다면 이번 1분기 성과는 성서산단 입주업체들의 내적內的 역량이 발휘된 덕이다. 코로나 사태 이후 업체들은 매 순간 생존을 위해 치열한 고민을 해 왔다. 산업 동향에 따라 수출과 내수 비중을 재빠르게 조정하며 자구책에 나섰다. 품목 다변화, 경영 다각화를 통해 매순간 위기에 대응했다. 1분기 성과 9할의 공로는 입주업체 대표들의 각고의 노력 덕이다.

– 워낙 위기 상황이다 보니 노사분규도 거의 없었던 것 같다.

▶ 현 정부 출범 이후 전국적으로 노사분규는 더 늘었다고 하는데 성서산단에서는 코로나 사태 이후 노사분규가 거의 없다. 현재 52시간 근무의 7월 1일 시행을 앞두고 파생되는 여러 문제 해결을 위해 노사가 협의 중이다. 2019년도엔 몇몇 사업장에서

노사분규가 진행되기도 했으나 코로나19 이후엔 위기 상황을 맞아 서로 협력하고 이해하는 분위기가 뚜렷하다.

– 정책적 차원에서 성서공단이 역점을 두고 있는 분야는?

▶ 작년에 '산단대개조 프로젝트'가 발표되면서 대구 경제 도약에 대한 기대를 밝게 해주었다. 사업이 본격화되면 2024년도까지 총 44개 사업에 8,800억 원이 투입되게 된다. 올해도 세부사업인 스마트그린산단 사업에 60억 원을 확보했고, 내년엔 796억 원이 집행될 예정이다.

혹시 현 정권 집권 후반기를 맞아 이런 공약, 정책들이 흐지부지되지 않도록 늘 경계하고 감시를 집중하고 있다. 지난달 27일엔 더불어민주당 달서갑지구당에도 스마트그린산단 예산지원과 성서공단·호림역 정상 추진 등을 건의했다.

– 입주 업체들의 인력수급을 위한 대책은?

▶ 올 1분기 근로자 수는 4만 8,464명으로 전분기 대비 174명이 줄었다. 주 52시간 근무제로 인건비 상승으로 인한 일시적 현상으로 보인다. 반면에 우리 산단에 구인求人을 의뢰하는 기업은

늘고 있다. 성서산단은 입주기업 인력 수요에 따라 월 1회가량
채용박람회를 열고 있다. 작년은 8회, 올해는 5월까지 10회 박람
회를 열었다. 경기가 회복세를 보이면서 구인 신청 업체들이 늘
고 있다. 하반기에도 월 2회 이상 박람회를 열어 일자리 매칭을
강화할 계획이다.

 - 성서산단 경제회복의 가장 큰 걸림돌은 무엇인가.

▶ 현재 철강, 비철금속 등 원자재 가격이 너무 올랐다. 철근
원재료인 고철값이 톤당 91만 5,000원까지 올랐다. 작년 같은 기

간보다 40%가 오른 셈이다. 이런 원자잿값 상승은 그대로 입주업체들에게 부담으로 돌아와 가격경쟁력과 직결된다. 최근 해운업계 도산으로 수출업체들이 컨테이너 수급이 안 돼 애를 먹고 있다. 최근 컨테이너 물동량이 급증해 요금도 3~4배나 올랐다. 운임을 떠나 입주업체들이 당장 컨테이너를 구하지 못해 난리다. 옛날에는 중국 해운업체들이 부산을 거쳐 미국이나 유럽으로 운항을 했지만 지금은 바로 미국, 유럽으로 직항하고 있다. 컨테이너 운임 상승, 물류 적체, 선박 부족사태에 정부가 빨리 대책 마련에 나서야 한다.

‒ 주 52시간 근무에 대한 현장의 목소리는 어떤가.

▶ 7월 1일부터 5~49인 업체에 주 52시간 근무제가 실시된다. 주 52시간제가 시행되면 당장 야근, 잔업, 시간 외 근무를 할 수 없게 돼 업체에서는 직원을 새로 채용해야 한다. 즉 야근을 허용하면 월 50만 원 정도 추가 부담으로 공장을 돌릴 수 있지만, 시간 외 근무를 막으니까 어쩔 수 없이 직원을 더 뽑아야 한다. 이 비용이 최소 최저임금을 기준해도 2,700만 원 정도 든다. 사업주들은 인력이 없어 제때 납기를 맞추지 못하고, 근로자는 시간 외 근무가 없어지다 보니 급여가 줄어들게 된다. 양쪽 모두에게 마이너스 게임이 되는 셈이다.

– 앞으로 성서산단을 이끌어갈 계획은?

▶ 작년 3월 성서공단에 부임해 전쟁 같은 나날을 보냈다. 셧-다운 직전까지 갔던 업체들도 있었고, 거래하던 외국 상사들이 연락이 두절되거나 바이어들이 종적을 감춘 사례도 있었다. 코로나 팬더믹 상황을 겪으면서 실물경제 중요성을 다시 한번 깨닫는 계기가 되었다. 앞으로 변화하는 시장 상황을 지켜보면서 산업 구조개편에 집중할 계획이다. 무엇보다 경제 최일선에서 열심히 뛰고 있는 성서산단의 입주업체들이 이 위기를 잘 넘길 수 있도록 행정, 경제적 도움을 아끼지 않을 것이다.

2021년 5월 29일

〈디지털경제〉 한상갑 기자

기업 노력으로 가동률 회복,
1분기 67% 코로나 전 수준

지난해 2분기 공장 가동률 60.03%를 기록하며 역대 최저를 기록했던 대구성서산업단지가 올해 1분기 가동률 67.40%를 나타내며 코로나19 이전 수준으로 회복하고 있다. 이는 전년 동기 (66.13%) 대비 1.27%포인트(p) 증가한 것이며, 코로나 발생 이전인 지난 2019년 4분기(67.84%)에 0.44%p 차이로 근접한 수치다.

전재경 성서산업단지관리공단 전무는 가동률 회복의 가장 큰 이유가 입주기업의 노력에 있다고 봤다.

전 전무는 "전반적인 경기 상승과 소비심리 회복 등도 가동률 상승 요인이지만 첫 번째 이유는 기업들의 피나는 노력"이라며 "수출 비중과 내수 비중을 기민하게 조정해 가면서 자구책을 찾은 기업들에 존경을 표한다"고 했다.

1분기 성서산단 총생산액도 전분기 대비 3.27% 증가한 4조

221억 원을 기록했다. 내수(2.16%)와 수출(6.60%) 모두 증가하며 지역경제 심장인 성서산단이 되살아나는 모습이다. 지난해 주춤했던 채용박람회도 올해 다시 활발하게 열리고 있다.

보통 성서공단은 입주기업 수요에 따라 월 1회가량 채용박람회를 개최했으나, 지난해에는 코로나 영향으로 8번 개최에 그쳤다. 그러나 올해 들어서는 이달까지 이미 10번이나 채용박람회를 열었다.

전 전무는 "생산량이 늘면서 신규 채용이 필요한 기업이 점차 많아지고 있다"며 "하반기에는 월 2회 이상 채용박람회를 열 계획"이라고 했다.

다만 최근 급격히 오른 원자잿값이나 물류비용, 인건비 증가

등은 경기 회복세를 이어가는 데 걸림돌이 될 것으로 봤다. 특히 7월부터 50인 미만 사업장에까지 확대되는 주 52시간 근무제는 규모가 작은 기업이 많은 성서산단 입주업체 운영에 큰 변수가 될 전망이다.

전 전무는 "기업 현장에서는 52시간제 시행에 따른 우려의 목소리가 매우 크다. 추가 채용도 영세업체 입장에서는 쉽지 않은 일"이라며 "이제 기업들이 일어서려고 하는데, 자칫하면 다시 무너질 수도 있어 걱정스럽다"고 말했다.

그는 회복세를 이어 가려 27일 더불어민주당 달서구갑지역위원회에 성서스마트그린산단 사업 예산지원과 성서공단 호림역 정상 추진 등 건의사항을 전달했다.

특히 성서산단을 중심으로 대구산업 역사를 한눈에 볼 수 있는 '성서공단 산업역사 박물관' 건립을 적극 건의했다.

전 전무는 "성서산단 50년 역사를 체험할 수 있는 박물관 건립이 필요하다"며 "산업역사관, 산업생활관, 산업기술관 등으로 박물관을 구성해 지역사회의 새로운 문화 체험장소로 만들고자 한다"고 말했다.

지난해 3월 코로나 발생 직후 성서공단에 온 전 전무는 취임 1년을 돌이키며 "마치 전쟁터 같았다"고 되돌아봤다.

전 전무는 "셧다운 직전까지 갔던 기업도 있었고 판로가 막혀 당장 생존이 어려워진 기업도 있었다"며 "코로나가 들이닥친 현장을 보면서 실물경제의 중요성을 다시 한번 깨닫게 됐다"고 했다.

앞으로 1년 계획에 대해서는 변화하는 시장 상황에 따라 산업 구조 개편에 집중하겠다고 했다.

전 전무는 "정부 산단대개조 사업의 거점인 성서산단에 대한 각종 지원사업이 정상적으로 추진되도록 노력하겠다"며 "하드웨어와 소프트웨어 모두 한 단계 발전해 앞으로도 성서산단이 지역경제의 중심축이 되도록 할 것"이라고 강조했다.

2021년 5월 27일

〈매일신문〉 채원영 기자

"코로나19 잘 넘겨야죠"
입주업체 고충 해결 위해 구슬땀

"코로나 팬데믹이 인류에게 문명사적 위기를 불러왔다면 그 질병 여파는 대구에 특히 성서산단에 경제 재난으로 다가오고 있습니다. 힘든 시기 성서산단의 기업들이 위기를 잘 넘길 수 있도록 행정적 경제적 협조는 물론 심기心氣적 도움까지 아끼지 않을 생각입니다."

11일 갈산동 사무실에서 만난 대구성서산업단지관리공단(이하 성서산단) 전재경 전무이사는 인터뷰 일성을 이렇게 털어 놓았다.

현재 성서산단의 경제 현황은 예상보다 훨씬 심각했다. 산단의 올 1분기 가동률은 66%로 2008년 금융위기 이후 가장 낮은 수치다. 가동률 수치 하나로만 본다면 8분기 연속 하락세를 기록하고 있는 셈이다.

"다들 어렵지만 섬유분야가 특히 심각합니다. 거래하던 외국

상사들이 연락이 두절되거나, 바이어들이 종적을 감추는 경우도
많습니다. 심지어 어떤 회사는 생산, 포장을 마치고 항구로 가던
중 계약 취소 연락을 받고 트럭을 그대로 돌려서 온 경우도 있습
니다."

전 전무이사는 2004년 구미LG필립스의 파주 이전과 2010년
구미삼성전자 베트남 이전, 2001년 삼성상용차 설립 무산을 가
장 뼈아프게 생각하고 있다.

"그 당시 대구 경제는 섬유, 건설, 유통에서 자동차, IT 산업으
로 넘어가는 과도기였습니다. 이들 기업이 지역을 떠나거나 유

치가 무산되면서 대구 산업의 고도화, 첨단 기회가 같이 날아가
버린 거죠."

　눈앞에서 놓쳐버린 산업고도화 기회는 바로 대구 경제의 쇠락
으로 직결되었다. 2013년 18조 2천억이었던 생산실적은 작년 16
조 5,000억으로 감소했다. 물가, 화폐가치까지 고려한다면 7년
전의 반토막에 가까운 수치다.

　이런 가운데 지난달 25일 성서산단에서 열린 '대구 산단대개
조' 사업 설명회는 대구 경제의 도약을 위한 기회로 평가되고
있다. 사업이 본격화되면 대구시는 2024년까지 총 44개 사업에

8,813억 원을 투입하게 된다.

전 전무는 '사업의 외형적 목표는 노후 인프라 개선 및 환경 정비지만 이번 기회에 대구 경제의 체질개선까지 나설 절호의 기회를 맞았다'고 말한다. 섬유, 건설, 유통에서 멈춰 버린 대구 경제를 IT 기반의 복합산업 구조로 개선해야 한다는 것이다.

"다행히 이번 사업에 IT는 물론 로봇융합, 스마트공장 등 제조 공정혁신 사업이 포함됩니다. 이것이 산단 대개조의 큰 틀이죠. 이 모든 과정에 성서산단이 중추적 거점 역할을 하게 됩니다."

때마침 들려온 대구경북통합신공항 확정 소식도 지역 경제 회복을 위한 기대를 밝게 해 주었다. 대구공항을 관할하던 동구 부구청장을 역임한 전 전무 입장에서는 관문공항의 중요성을 누구보다도 깊이 인식하고 있다.

"미주, 유럽 노선까지 취항 예정인 신공항은 앞으로 지역경제의 동맥으로 작용할 것이 분명합니다. 일단 수도권까지 왕복해야 하는 물류비용을 줄일 수 있는 획기적인 계기가 마련돼 공단의 CEO들이 제일 반기고 있습니다. 확장된 글로벌 노선을 따라 국제화물, 경제인, 비즈니스 정보들이 따라 들어오게 될 것입니다."

그런 면에서 전 전무는 현재 추진 중인 대구산업철도에 호림역, 서재·세천역이 꼭 신설돼야 한다고 강조한다. 정부가 추진 중인 대구산업철도 노선에 이들이 빠진 것은 지역경제 현실에서 너무 벗어난 결정이라는 것이다.

"성서산단이 대구시 전체 수출의 52.5%를 차지하고, 근로자 수만 5만 2천여 명에 달합니다. 향후 통합신공항 건설에 따른 공항철도까지 조성된다면 성서산단의 물류, 교통 인프라 중요성은 더 커질 것이 분명합니다. 대구산업철도는 이런 경제 수요까지 계산해 보다 큰 구도 안에서 설계되어야 합니다."

다행히 성서산단 호림역, 서재·세천역 신설을 위해 성서산단공단, 대구상공회의소, 달서구청, 정치권 등 각계에서 적극적으로 나서고 있다.

이렇게 현재 지역경제가 처한 위기 극복에 대해 산단 차원의 나름의 해결책을 모색하고 있지만 전 전무가 현실에서 가장 전념하고 있는 것은 역시 입주 업체들의 민원 해결이다.

"CEO들과 소통 창구를 항상 열어 놓고 있습니다. 직원들에게 업체에서 연락이 오면 무조건 현장으로 달려가라고 말합니다. 현장에서 할 수 있는 민원은 즉시 해결하고 제도적인 문제는 대구시에 건의해서 정책적으로 해결할 수 있도록 방법을 모색하고 있습니다."

인터뷰 중에도 전 전무의 전화벨은 수도 없이 울렸다. 대부분 업체 대표들의 민원 전화들이었다. 주로 자금 경색에 따른 대출 금리 문의나 규제 완화와 관련된 문의들이 많다.

어떤 전화를 받든 전 전무이사의 대답은 한결같았다. "내일 담당직원과 현장으로 바로 달려가겠습니다."

◆ 전재경 전무이사는?

대구 달성군에서 태어나 성광고를 졸업하고, 달성군에서 지원하는 새마을장학생으로 영남대 지역사회개발학과를 거쳐 대구대 사회복지대학원을 졸업했다. 고향 달성군에서 7급 특채로 공직에 입문하여 달성군 문화공보실장, 기획감사담당관, 화원읍장, 총무과장, 행정국장을 역임하고 대구시로 옮겨 도시철도 관리부장, 시의회 전문위원, 대구시 대변인, 자치행정국장, 동구청 부구청장을 역임했다.

2021년 9월 14일

〈디지털경제〉 한상갑 기자

4부

전재경의
직언, 직필

소통과 배려를 통한
인간적 유대감을 함양해 나가야

　국가의 미래는 우리 아이들이다. 아이들을 건강하게 키우고 사랑으로 보살피지 않는 국가는 미래가 없다. 희망찬 미래를 위해 우리는 아이들을 사랑으로 키워내야 한다. 너무나 당연한 이 사실을 굳이 언급하는 이유는 무엇인가? 당연한 것이 당연하지 않은 현실 때문이다. 최근 우리 사회에서 하루가 멀게 일어나고 있는 어린 자식에 대한 학대와 살인 사건은 사회적 공분과 개탄을 넘어 무력감을 주고 있다. 더 이상 참담한 현실을 외면할 수 없어 자판 앞에 선 필자의 토로가 질풍노도의 감정에 휩싸이지 않길 바랄 뿐이다.

　역사 이래 인류는 눈부신 문명의 발전과 문화의 융성을 거듭하여 오고 있다. 그 눈부신 발전의 원동력은 무엇인가? 그것은 바로 인류가 지구에 살기 시작한 이래 수천 년 지켜 온 인간의 도

리, 곧 인류이다. 인간이 마땅히 지키고 추구해야 할 인류은 '상식에 내재하여 현실에서 실제 작용하는 것'이기 때문에 인간의 문명과 역사 발전의 올바른 방향을 가리키는 표지석과 같은 것이다. 그 인류의 출발점이 부모와 자식 간 사랑이다.

부모는 자식을 자신의 목숨으로 소중히 여기면서 사랑으로 키우고, 자식은 자신을 낳아 사랑으로 키우고 보살펴 준 부모에게 효도를 다하는 것이다. 부모와 자식 간의 사랑과 효도의 힘이 인류의 지금을 있게 한 원동력이다. 이 인류 번영의 원리가 지금 우리 사회에서 무너져 내리고 있다. 줄곧 우리 사회 최고의 윤리적 가치로 평가받았던 부모와 자식 간의 사랑이 위기를 맞고 있는 것이다.

얼마 전 우리 사회를 분노와 안타까움의 도가니로 몰아넣은

'정인이 사건'에 대한 감정이 채 정리도 되기 전에 또 다른 어리고 여린 생명이 살해와 다름없는 굶주림으로 죽은 사건의 기사를 접했다. 구미에서 3세 어린 생명이 친모로부터 집 안에 방치된 상태에서 굶어 죽는 엽기적인 사건이 발생했다. 발견 당시 3세 여아는 숨진 지 6개월 정도가 지나 부패한 미이라 상태였다고 한다. 버젓이 살아있는 어린아이를 방치하고 외간 남자와 살면서 매달 양육수당·아동수당 수십만 원을 꼬박꼬박 챙겨 잡비로 썼단다.

버리다시피 하고 나올 때 죽어가는 아이의 사진까지 찍었다는 기사에는 분노를 넘어 터져 나오는 눈물을 참을 수가 없었다. 이 사건이 더더욱 충격적이었던 것은 그 후 진행된 사건 조사 과정에서 밝혀진 친모가 할머니였다는 사실이다. 망연자실 허탈한 심정은 필자인 나만의 것이 아니었을 것이다.

첫딸을 학대한 혐의로 불구속 기소돼 재판을 받고 있던 젊은 부부가 생후 2주 된 둘째 아들을 때려서 숨지게 한 사건은 또 어찌할 것인가. 그 사건은 부검 결과 두부 손상에 의한 뇌출혈이 사망 원인으로 밝혀졌다. 이제 우리들의 인내는 한계에 봉착했다. 지금 우리 사회는 어디를 향해 가고 있는가? 묻지 않을 수 없다. '꽃으로도 아이를 때리지 말라'고 한 말은 이제 우리 사회에서는 너무 사치스러운 당부가 되었다.

필자는 최근 우리 사회에 벌어진 일련의 사건들을 겪으면서 나의 내면에 일어나는 감정 변화의 선명한 스펙트럼을 읽을 수 있었다. '경악-탄식-분노-허탈-무력감'으로 진행되는 감정의 스펙트럼이다. 그러나 우리는 변화하는 감정의 어디쯤에서 멈추어서는 안 된다. 냉정하게 우리를 돌아보고 해결책을 찾아야 한다. 우선 인공지능·로봇산업 등 최첨단 기술을 구가하는 4차산업의 시대를 살아가는 우리가 놓치지 말아야 될 것은 인간성과 인간 윤리 회복이라는 사실을 분명히 알아야 한다. 왜냐하면 인간성과 인간 윤리가 원동력으로 작용하지 않는 사회는 문명과 과학을 인간의 행복한 미래와 연결시킬 수 없기 때문이다. 인간은 하늘이 준 인류의 절대성과 천륜을 기본으로 인간다운 삶을 발전시켜 나갈 수 있는 것이다.

지금이라도 늦지 않다. 미래 우리 사회의 중추적 역할을 맡아 이어 갈 젊은 세대를 중심으로 모든 세대가 사회발전을 위한 인간 윤리와 천륜의 중요성을 바로 인식하고 물질과 금전적 크기가 사람됨의 가치를 넘어설 수 없음을 깨달아야 한다. 동시에 우리 사회가 그동안 인류와 인간성의 가치에 대해 소홀했음도 인정해야 할 것이다. 아울러 우리의 행복한 미래가 사회 공동선에 기반함도 알아차려야 한다. 이제 우리는 하나의 큰 가족이라는 공동체적 의식을 키우고 소통과 배려를 통한 인간적 유대감을 함양해 나가야 할 때다. 아파트 놀이터에서 들려오는 아이들의 웃음소리에 푸른 가을 하늘이 높다.

2021년 9월 28일 〈영남일보〉

대구시민의 힘이
지역 경제를 일으킬 것

한국 사회는 물론 전 세계가 코로나19라는 전대미문의 전염병을 만나 고통과 시련을 겪고 있다. 특히 대구시민들은 정신적 충격과 육체적 고통으로 속칭 '멘붕' 상태에 빠져들었다.

그 와중에 설상가상으로 4·15 총선이라는 또 다른 폭풍 하나가 지역사회를 휩쓸고 지나가면서 한국 근대사회의 고질병이었던 동서의 깊이 팬 골에 또 한 번의 상처를 남겼다. 50년 동안 해결해 왔던 국민적 숙제가 우리 앞에 유령의 모습으로 다시 어른거린다.

이러한 코로나19 사태와 사회적 갈등이 우리 지역 실물경제에 엄청난 충격으로 와닿아 있음은 대구의 경제를 견인하는 성서공단이 써낸 지표에 고스란히 나타난다.

공단의 가동률은 1년 전인 2019년 1분기 71.84%에서 2020년 1

분기에는 66.13%로 하락했고, 올해 말쯤에는 가동률이 더욱더 곤두박질칠 것이다.

어두운 앞날이 예고되고 있지만 우리는 그 심각성을 실감하지 못하는 듯하다. 산업 현장의 중소기업 경영자들과 일과를 보내는 필자로서는 절박한 경제 현실과 심각성에 전 국민은 현실적 위기감을 가져야 하고, 정부와 정치권은 기업 규제 관련 법안을 좀 더 심도 있게 재고해야만 할 것으로 생각한다. 그래야만 사업을 포기하려는 중소기업이 줄어들 것이다.

아주 오래전부터 격의 없이 지내다 서로가 일상의 바쁜 관계로 오랫동안 만나지 못하다가 1년여 만에 만나게 된 고향 후배와의 얼마 전 대화는 필자의 가슴을 더욱 아프게 하면서 머리에 오버랩돼 왔다.

그 후배는 척박하고 어려운 깡촌 마을에서 1960년대 후반에 태어나 70년대 후반에 한국 산업 역군의 전형적인 과정으로 여겨졌던 공업계 고등학교를 졸업하고 기술자격증으로 대기업 현장 직원으로 사회에 첫발을 내디뎠다. 이후 가내공업으로 독립해 외환위기(IMF) 등으로 몇 번의 부도 과정을 거쳐 이제는 연 매출 270억 원 규모의 중소기업 하나를 운영하고 있다.

그렇게 어렵게 세운 기업을 1년 정도 전부터 규모를 줄이고 동남아시아로 투자처를 옮겨야겠다고 한 번씩 말을 하기 시작했다. 그 후 오랫동안 보지 못하다가 얼마 전 만난 그 고향 후배가 결기에 찬 말을 했는데 필자는 그 말에 함의된 깊은 의미를 눈치

채지 못했고, 제대로 알아듣지도 못하는 우를 범하고 말았다.

몇 잔의 술이 들어간 후 그 후배는 갑자기 "형님! 기업을 하면서 여지껏 몰랐습니다만 그 어떤 경쟁에도 이길 수 있는 유일한 방법을 알았심더~."라고 말했다.

필자는 그 소리에 이 후배가 드디어 지금같이 어려운 시기에 새로운 기술개발을 통해 기업 경영을 우량화할 수 있는 방법을 찾은 것으로 생각하고 칭찬과 격려를 아끼지 않았다.

그것이 어법을 제대로 이해하지 못한 필자의 아둔함이었다는 것을 좀 지나 알게 됐다.

몇 잔의 술과 분위기가 어우러질 때쯤 그 후배의 취기 어린 눈에 물기가 젖어들면서 던진 말에 나는 머리를 한 대 얻어맞은 것처럼 아팠다.

"형님! 어떠한 경쟁에서도 이길 수 있는 멋진 방법은 말이죠…. 그건 경쟁을 포기하는 것입니다."

'아뿔싸!' 내 눈에는 코로나19에 걸려 병상에서 헤매고 있는 것이 지역 기업의 처절한 모습같이 어른거리는 것은 왜인지 모르겠다. 그러나 필자는 국난 극복의 고비마다 저력을 보여왔고, 이번 코로나19 대처에 있어서도 세계적인 모범 모델로 인정받은 우리 대구시민의 힘이 지역 경제를 병상에서 일으킬 것이며, 그 후배 또한 결코 기업을 포기하지 않을 것이라 확신한다.

2020년 7월 2일 〈매일신문〉

진정한 지방자치 시대를
열기 위한 골든타임

모기 입도 비뚤어진다는 처서處暑를 지나 무더운 열기로 타오르던 대지도 흐르는 시간에 밀려나고 구름 사이로 내비치는 청명한 가을 하늘은 마음을 설레게 하며, 결실을 위한 농부의 손길이 바쁜 올가을은 어느 해보다 풍성했으면 좋겠다.

8월을 시작으로 전국 243개 지방자치단체들은 내년도 살림살이를 위한 예산 편성 시즌에 본격적으로 접어들었다. 여느 해와 마찬가지로 세입 재원은 한정적이나 주민 숙원 사업은 산적해 고민이 깊다. 특히 2020년 보다 강화되는 일자리 정책과 기초연금 지원 대상 확대에 따른 지자체의 재정적 부담은 피할 수 없는 멍에로, 그 무거움을 극복해 나가려는 지자체들의 힘겨움이 벌써 느껴지는 듯하다.

일반적으로 지자체의 재정 역량은 재정적 체력 척도라 할 수

있는 재정자립도와 재정자주도 지표를 통해 가늠하고 있다.

2019년 대구 동구의 재정자립도, 즉 예산 총액에서 스스로 벌어들일 수 있는 자체 수입 비율은 16.9%로 전체 예산 5천870억 원 중 지방세와 세외수입은 불과 991억 원에 불과해 69개 자치구의 평균인 23.8%에 미치지 못하는 수준에 있다.

아울러 세입 재원의 사용 측면에서 자주권과 자율권 정도를 보여주는 지표인 재정자주도는 29.8%로 자치구 평균 40.0%를 밑도는 실정이다.

이는 사용 목적이 지정된 국·시비 보조금이 전체 예산의 70% 정도를 차지하는 반면, 재원의 실질적 예산 편성 운용 권한은

30% 이내에서 이루어지고 있다는 방증이기도 하다.

특히 기초생활보장, 보육 및 여성, 청소년 건전 육성 등 사회복지 분야는 전체 예산의 67%로 압도적인 비율을 차지하고 있고 전국 자치구 평균이 57%, 광역시 평균도 38% 정도로 가파른 증가 추이와 그에 따른 지방비 부담 가중은 지방재정을 더욱 휘청거리게 하며 힘들게 하고 있다. 대부분의 지자체가 자체 재원에 의한 신규 사업 추진 가능성이 '제로'에 가깝다 해도 과언이 아니다.

이러한 지방정부의 어려움을 해소하기 위해 중앙정부는 '지방재정 자립을 위한 강력한 재정분권'을 국정과제로 설정하고, 지방재정 확충 및 지역 균형발전을 위해 먼저 1단계로 2020년까지 지방소비세율(부가가치세수의 11→21%)을 확대하고 균특회계 포괄 보조사업의 3조 5천억 원 내외를 지방사업으로 기능을 이양해 자치권을 강화했다.

또한 2단계로 2022년까지는 국세와 지방세의 비중을 70 대 30으로 개선해 나간다고 밝혔으나, 2019년 7월 24일 부산에서 열린 전국시도지사협의회 총회에서는 정부의 2단계 재정분권 방안에 지방소득세율 2배 인상(10→20%), 지방교부세율 2%포인트 인상(19.24→21.24%), 무상보육·기초연금·무상급식·누리과정 전액 국비 부담 등 추가 반영의 건을 정부에 강력히 요청하기도 하였다.

각 지자체들도 2020년도 예산 편성을 준비하는 이 시점, 은닉

세원 발굴과 강력한 체납세 징수 활동을 통해 세입 확충과 예산 낭비 방지 및 효율적 재정 운용으로 한정된 재원 범위 내에서 선택과 집중이 필요하나, 그보다도 더 중요한 것은 중앙정부가 지방재정분권을 통한 진정한 지방자치 시대를 열어나가기 위한 골든타임의 시점에 와 있음을 인식하고 신속한 국정과제 이행은 물론 지자체의 간곡한 목소리를 과감히 수용할 때가 왔다는 것이다. 2020년도 예산 편성을 맞아 자치단체들의 깊은 고뇌와 그 소임을 다해 나가고자 하는 대구시 공직자들의 헌신과 열정이 뜨겁다.

2019년 9월 10일 〈매일신문〉

대구공항,
대구경북 시도민에게 희망을

대구공항 통합이전은 영남권 신공항 무산의 뼈아픈 상처를 치유하고, 대구경북의 지도를 바꿀 대역사다. 동구 부구청장으로 발령을 받고 8개월간 지역을 돌아보니 그동안 얼마나 영혼 없는 공감만 하고 있었는지 절실히 깨닫게 됐다. 공항 인근에 가면 귀가 어두운 분들을 많이 만난다. 전투기 소음에 만성이 되어 굉음이 울려도 무덤덤한 모습이 의아하면서도 마음 한쪽이 저려온다.

이뿐인가. 비행기 소음에 노출된 학교에서는 수시로 수업이 중단된다. 학교는 '아이들이 가장 안전한 가운데 걱정 없이 다니는 곳'이어야 한다. 전투기 소음으로 심각한 학습권을 침해받는 것은 곧 헌법에 명시된 기본권을 침해받는 일이다. 1961년 문을 연 대구공항은 당시만 해도 외곽지에 있었으나, 도시 발전에 따라 주변이 개발돼 지금은 도심 한가운데 자리하고 있다. 그 결과 전

국에서 가장 시끄러운 공항이라는 오명을 뒤집어쓰고 주민들의 삶의 질을 떨어뜨리고, 도시 발전에도 걸림돌이 되고 있다.

심각한 소음에 귀를 틀어막아야 하는 주민이 공항 주변 지역에만 24만 명에 달한다. 대구 전체 면적 883㎢의 13%에 달하는 114.32㎢ 지역이 비행안전 고도제한 구역으로 묶여 각종 개발 행위가 제한됨으로써 재산권 침해도 심각한 수준이다.

대구의 청약시장은 재개발, 재건축 단지에 집중돼 있다. 동구 또한 마찬가지다. 그런데 동구는 K2의 고도제한으로 아파트 규모가 15층 이하로 규제된다. 순풍이 불던 신암뉴타운은 역풍을 맞고 있으며, 도심 개발의 걸림돌로 인식돼 동구의 부동산 가치는 평가절하된다. 이는 대구는 물론 대구경북 전체의 낙후와 침체로 이어진다. 그 악순환의 연결 고리를 이제는 끊어야 한다.

더구나 지금 대구공항은 여객터미널 한계 수용 능력 375만 명을 훌쩍 뛰어넘었다. 지난해 이미 이용객 406만 명을 돌파하면서 갖가지 문제점도 함께 나타나고 있다. 공항 안팎의 주차 공간 부족, 계류장과 편의 시설 부족 등으로 시설 확장에 대한 목소리가 높지만, 공항 주변은 이미 주거지로 둘러싸여 사실상 확장이 불가능한 상태다.

또한, 현재의 활주로 여건으로는 중대형기 취항이 아예 불가능하다. 대부분 항공 물류로 처리해야 하는 경박단소형 제품의 수출입 또한 모두 인천공항까지 옮겨 처리해야 하는 실정이다.

가장 기본적인 항공 물류 처리 기반을 갖춰 놓지 않은 도시에

대기업을 유치하거나, 해외 투자자들이 찾아오게끔 할 방법은
없다. 미래 먹거리를 창출하고자 대구경북 전체가 대기업 유치
에 힘을 쏟는 상황에서 제대로 된 공항이 없다면 미래가 암담할
수밖에 없다. 구미의 전자산업과 포항의 철강산업 등 대구경북
전체가 잘 짜여진 하나의 경제권으로 상생 발전하는 세상을 만
들기 위해서는 통합신공항 건설이 반드시 필요하다.

　이제 우리는 소모적 논쟁을 중단해야 한다. 그리고 국방부는
최종 이전 부지 선정을 기다리는 시도민들의 염원을 더 이상 방
관해선 안 된다. 국토교통부도 이전하는 대구공항의 시설 규모
를 빨리 확정해 지역 갈등을 없애고, 대구경북 시도민들에게 희
망을 안겨줘야 할 것이다.

2019년 3월 18일 〈매일신문〉

지자체 간 교류,
통일 앞당긴다

나의 아버지는 6·25 참전 용사셨다. 엄동설한의 압록강 전선에서 종아리의 살점이 모닥불에 타들어 가는 것도 모른 채 깊이 잠들 만큼 죽을 것 같은 고통과 함께 전쟁터에서 17세부터 20대 중반까지 거의 8년을 보내셨다. 그랬던 아버지가(이젠 곁에 안 계시지만) 노년에 장성한 자식에게 처음이자 마지막으로 들려주신 노래가 '두만강 푸른 물에~' 였다. 아마 그 노래에 담긴 당신의 마음은 동족상잔의 아픔을 직접 보면서 전쟁터에서 젊음을 보낸 한 노병의 아련한 통일에 대한 염원이었으리라.

갑작스레 아버지의 노래가 생각나는 건 다정히 손잡고 판문점 군사분계선을 넘어오는 남북 정상을 보면서이다. 가슴 두근거리게 하고 환영할 만한 일이다. 1945년 해방 이후 6·25전쟁이라는 민족상잔의 비극을 겪고 냉전(Cold War)이라는 국제정치 환경에

둘러싸여 남과 북은 서로를 철천지원수로 여겼다. 따라서 남북
교류는 당연히 전무全無하다시피 하다가 반세기가 흐른 2000년,
역사적인 6·15 남북 정상회담을 계기로 남북한 지방자치단체 간
교류가 다시 살아났다. 그러나 북한의 소극적 개혁 개방 태도, 북
핵 사태, 서해교전, 금강산 관광객 피격사건과 남한 내부의 '퍼
주기' 논란 등이 상승작용을 일으키다가 마침내 천안함 폭침사
건으로 인해 대북지원사업을 보류하는 5·24 조치가 발표됐다.

  혹자는 지자체 간 교류가 통일과 무슨 관련이 있는가 물을 수
있겠으나 남북통일을 위해 지방의 역할이 필수불가결하다는 것
을 우리와 같은 분단국이었다가 1990년에 통일을 이룬 독일의
경험에서 알 수 있다. 우선, 지자체 간 교류 활성화는 통일 어젠
다에 대한 중앙정부의 독점으로 인해 획일화되고 경직된 교류에

서 탈피할 수 있다. 또한 중앙정부 간 교류는 국제적, 국내적 정치 환경에 의해 자주 중단될 수밖에 없는 한계를 가지는 데 반해 지자체 간 교류는 중앙 정치적 큰 사건이 없는 한 지속적이고 자유롭게 유지될 수 있다는 장점도 있다.

마지막으로 지방 간 교류협력 활성화는 통일을 촉진시킬 뿐만 아니라 통일 이후 발생할 이른바 통일 비용의 상당 부분을 감소시킬 수 있다. 북한의 경제 성장으로 인한 자유와 개방에의 갈망은 통일을 앞당길 수 있고 지방 간 행정, 문화, 예술, 청소년 교류 등 인적 교류는 빈번한 주민 접촉을 가져와 민족적 동질성 회복과 열등의식에서 오는 사회적 비용을 감소시킬 수 있는 것이다.

다행히 우리 대구시는 10여 년 전부터 생필품 지원, 내복 보내기 등 인도적 지원을 계속하고 있다. 2017년엔 국채보상운동 기록물의 세계문화유산 등재를 계기로 국채보상운동 자료의 남북한 공동조사를 추진 중에 있다. 또한 '통일 정책수립기초연구'를 완료하여 남북교류 추진 전략을 수립하였고, 이에 필요한 남북교류협력기금 50억 원도 조기 확보하였다.

이제 모든 준비는 끝났다. 북한의 핵, 미사일 도발로 인해 춥고 긴 겨울만큼이나 꽁꽁 얼어붙었던 남북관계가 어느새 남북 두 정상이 형과 아우처럼 손을 맞잡은 것을 보는 지금, 포화 속에서도 살아 돌아오신 아버지께서 '눈물 젖은 두만강'을 부르시던 그 눈빛이 이제 이순이 된 자식의 마음을 울린다.

2018년 5월 17일 〈매일신문〉

손바닥으로 하늘을
가리지 말자

군부 시절이던 40여 년 전 풋내기 대학생 시절 행정학 수업을 들을 때의 일이다. 그때 처음으로 '지방정부'라는 단어를 접하게 되었다. '정부면 정부지, 지방정부는 또 뭐꼬? 한 국가에 정부가 여러 개란 말인가?'라는 의문이 들었다. 그때 교수님께서 미국의 지방정부가 몇 개인줄 아느냐고 물으셨다. 교수님은 "미국 지방정부는 수만 개가 있고 입법권, 행정권, 재정권 등을 포함하는 고도의 자치권을 보장받고 있으며 이러한 지방자치가 바로 미국의 보이지 않는 힘"이라고 하셨던 얘기가 생각난다.

대학 졸업 후 나를 공부시켜 준 고향 군郡의 공무원이 됐다. 예전 교수님이 말씀하셨던 지방자치의 현실을 몸으로 맞닥뜨리면서 32년째 지방공무원으로 공직에 몸담고 있다. 내 고향 발전을 위해 '한 알의 밀알'이 되고 싶다며 시작한 공무원 생활이지만,

그간 돌이켜보면 자주적으로 할 수 있었던 것이 거의 없었던 것 같다. 특히 공무원에게는 법法이라는 장벽이 너무 높고 단단했다.

입법·조직·인사·예산 등 거의 모든 분야에서 지방공무원이 지방의 형편에 맞게 기획하고 집행할 수 없다는 것을 피부로 절감하기까지 그리 오랜 시간이 걸리지 않았다. 지방공무원은 그저 법에 정해진 대로 법을 집행하는 기계에 불과했고, 중요한 사안에 대해서는 중앙정부의 지시와 통제 그리고 감독에 시달려야 했다.

지방자치는 교과서에나 나오는 이야기였고 먼 훗날에 이루어지길 바라는 유토피아였다. 민주화 이후 여러 정권이 들어섰고 그때마다 풀뿌리 민주주의의 기반인 지방자치를 확실히 보장하겠다고 외쳤지만 그때뿐이었다.

그러나 손바닥으로 하늘을 가릴 수는 없는 법, 4차 산업혁명 시대에는 지방분권을 통한 지방자치의 공고화는 선택이 아닌 필수가 됐다. 지방분권을 통한 다양, 혁신, 책임성의 창출이 연결, 공유, 수평을 특징으로 하는 4차 산업혁명 시대에 우리나라를 '추격자(follower)'가 아니라 '선도자(firstmover)'로 만들 수 있다.

이는 현재 4차 산업혁명을 선도하고 있는 미국, 독일, 스위스 같은 선진국들이 모두 고도의 지방분권 국가인 사실이 그것을 증명하고 있다. 아울러 '교육이나 공공 부문 등 사회제도의 근본적 변화 없이는 과학기술 혁명의 이익을 충분히 누릴 자격이 없다'는 미래학자 앨빈 토플러의 지적을 곱씹어볼 필요가 있다.

불행 중 다행으로 우리 대구시는 이미 전국 최초로 2011년에 '지방분권 촉진 및 지원에 관한 조례'를 제정하고 그 이듬해에는 지방분권협의회를 구성하고 활발히 활동 중이다. 올해는 지방분권 대학생 홍보단을 운영하고 '시민과 소통하는 지방분권'을 위한 버스킹 홍보도 진행한다. 시대의 흐름을 먼저 읽고 선도하는 것 같아 기분이 좋다. 우리 대구시뿐만 아니라 다른 지자체에서도 지방분권에 대한 요구가 봇물처럼 터져 나오고 있다.

중앙은 이런 지방의 요구를 촛불 민심만큼 심각하게 여기고 조직, 인사, 예산, 입법에 이르는 광범위한 권한을 이양하여야 한다. 실질적 지방분권이 이루어져 지방의 역량이 강화되고 상호 경쟁하게 될 때 그 시너지 효과를 누리는 것은 중앙이 될 것이다. 중앙은 이제 골목대장이 아니라 국제사회의 역량 있는 리더가 되어야 한다.

지금 양보하지 않으면 중앙과 지방 모두가 침몰하고 만다. 왕조시대에서 민주주의로 전환될 때 일찌감치 자신들의 권력을 국민들에게 양보한 왕조들만 살아남았고 그러한 국가들이 지금 세계의 강대국이 되었다는 세계사의 교훈을 상기하기 바란다. 중앙이 죽어야 중앙과 지방 모두가 살 수 있다.

2017년 8월 7일 〈매일신문〉

경쟁력 있는 인재양성으로
미래 준비

인공지능(AI), 사물인터넷(IoT), 빅데이터 등 첨단정보기술 발전이 강조되는 4차 산업혁명시대가 현실화되면서 우리가 이전에는 상상하지도 못했던 사회에 직면하게 됩니다. 기존 3차 산업혁명 시대까지는 표준화된 지식을 가진 인재가 주를 이뤘다면 기술융합의 시대로 대변되는 4차 산업혁명시대에는 비판적 사고, 문제해결력, 협업능력 등을 갖춘 창의적 융합인재를 필요로 합니다.

공직사회 역시 4차 산업혁명을 선도할 인재 육성이 절실히 필요한 상황임과 동시에 베이비붐 세대의 대거 퇴직으로 인력 구조의 변화와 급격한 세대교체에 선제로 대응해야 한다는 점을 주목해야 합니다.

대구시청만 보더라도 향후 5년 이내 시 본청 재직 공무원

24.6%가 퇴직하며 10년 이내에는 46.5%가 퇴직할 예정입니다. 이로 인해 공무원 채용 규모가 해마다 늘어나 조직 전반에 활력을 불어넣을 것이라는 기대가 있는 반면 9급이나 7급 공채로 공직에 몸담은 후 수십 년 동안 익힌 실무능력과 현장경험을 지닌 이들이 퇴임하면 행정의 노하우 상실이 우려된다는 지적도 있습니다.

민선 6기 들어 대구시는 대구형 신新인사혁신의 일환으로 현장 중심의 창의인재를 양성하는 교육훈련시스템 구축에 중점을 두었습니다. 직무능력과 공직 가치관을 겸비한 인재 선발을 위해 신규채용 때부터 단순 면접방식을 탈피한 '인·적성검사 및 집단 토론면접' 방식을 새로 도입, 면접시험의 공정성 및 신뢰성을 높였습니다.

7급 실무자의 빠른 세대교체로 부족한 직무노하우를 보완할 역량강화 교육을 위해 기존 집단 강의방식에서 벗어나 시정현안에 대한 토론과 발표, 현장실습 등의 '참여형 교육'으로 새 시대의 패러다임에 맞춘 창의력 향상과 현장중심의 문제해결 능력을 강화했습니다.

중견관리자로서 자질 및 정책능력 함양을 위해 5급 팀장급으로 승진하는 6급을 대상으로 대구시 실정에 맞는 역량모델을 개발해 '역량강화제'를 시행하고 있습니다. 이를 통해 복잡다단한 행정환경 변화에 선제로 대응할 수 있는 중견간부를 양성해 공직사회의 경쟁력 확보에 기여했습니다. 이러한 역량강화제의 성공적 정착을 기반으로 2018년부터는 역량강화제를 5급과 7급으로 확대해 시행할 예정입니다.

급변하는 행정환경 변화에 대응하기 위해 장기간의 직무경험 또는 전문성이 요구되는 직위를 대상으로 '전문직위제'를 운영하고 있습니다. 이를 뒷받침하고자 맞춤형 특화교육을 시행해 대내적으로는 전문성을 갖춘 미래지향적 인재를 양성하고 대외적으로는 다양한 시민들의 수요에 맞는 최고의 행정서비스를 제공하고 있습니다.

대구 발전을 위해 헌신한 공무원의 소중한 행정경험과 전문성이 퇴직 후에도 대 시민 행정서비스에 접목되어 대구공동체에 공헌할 수 있는 행복한 인생 2막 프로그램을 운영하고 있습니다.

교육은 흔히 '백년지대계百年之大計'라고 합니다. 대구시는 현재 준비하고 있는 교육훈련 5개년(2018~2022) 기본계획을 수립함에 있어 체계적인 교육훈련 방향과 비전을 설정해 눈앞에 다가온 4차 산업혁명이 불러올 대변혁의 물결에 대비할 수 있도록 공무원 역량 강화 프로그램을 담아낼 것입니다.

국가 간 경쟁보다 도시 간 경쟁이 더 중요하고 한 도시의 인재가 곧 최고의 상품이자 경쟁력인 시대입니다. 대구시는 경쟁력 있는 공무원을 양성, 4차 산업혁명 시대를 선도하는 일등 대구를 만들어 오로지 시민 행복, 반드시 창조 대구를 구현하고자 합니다.

2017년 7월 27일 〈대구일보〉

모든 것이 사랑이었습니다

지은이 | 전재경

발행 | 2022년 2월 15일

펴낸이 | 신중현
펴낸곳 | 도서출판학이사
출판등록 | 제25100-2005-28호

대구광역시 달서구 문화회관11안길 22-1(장동)
전화_(053) 554-3431, 3432   팩시밀리_(053) 554-3433
홈페이지_http://www.학이사.kr
이메일_hes3431@naver.com

ISBN_979-11-5854-343-3   03330